鉄壁の資産運用

退職金と年金を活用した「潤沢老後」へ

堀江智生
Japan Asset Management
代表取締役

CROSSMEDIA
PUBLISHING

はじめに

人生100年時代という言葉がすっかり広まり、寿命が延びたこと自体は喜ぶべきことですが、同時に増加しているのが**「100年という長い人生を、ずっと豊かに暮らせるだろうか？」**という不安です。簡単にいえば、長生きすればするほどお金がかかるわけですから、私たちがまず考えるべきは「健康寿命」ではなく**「お金の寿命」**といえるかもしれません。100年という長い時間を最後まで豊かに生き抜くためには、老後の暮らしに必要な資金を確保しておかなければならないのです。

特にリタイアの時期を意識しはじめる50代以上の人にとって、老後資金をどのようにつくるかは非常に重要な問題です。しかし、私たちがこれまで50代以上の方々の資産運用をお手伝いしてきた経験からいえば、リスクを過度に取りすぎていたり、無駄なコストを払いすぎていたりと、理想的ではない方法で運用しているケースは決して珍しくありません。

30代、40代であれば、リタイアまではまだ20年以上あるので、投資で多少の失敗をしても挽回することが可能です。しかし50代以上になってから大きな損失を抱えてしまうと、取り戻すことがとたんに難しくなります。だからこそ、50代以上の方であれば、**適切なリスクとリターンを見極めたうえで資産運用を行っていただきたい、**これは本書を通じてみなさんに最も伝えたいメッセージのひとつです。

加えて、コストという問題もあります。例えば近年では、投資経験がなくても手軽に資産運用ができるサービスとして、「ファンドラップ」が注目されています。大手金融機関の場合、投資顧問報酬や管理手数料、信託報酬などを合わせて年2～3％程度の手数料がかかるのが一般的です。仮に毎年2％のコストがかかっている場合、リスクをとって資産運用をしているのに、リターンの中から2％も金融機関や証券会社、運用会社に取られてしまうと、リターンの実質的な効果は大幅に減少します。

私たちは、**このコストという面も資産運用において重視すべきポイントのひとつ**だと考えていますが、大部分の人はこのカラクリに気づいていないのが実情です。

資産運用をしている人は、大きく分けて次の2つのタイプに分けられます。

1　自分で判断して運用している人

2　証券会社などの金融機関担当者に相談して運用している人

前者の**「1　自分で判断して運用している人」**の場合、失敗の主な原因は知識不足です。適切なリスクとリターンの測り方を理解していないために、過大なリスクをとってしまうわけです。

例えば、私たちのもとに相談に来られるお客さまに、老後のライフプランをお聞きし、収支をシミュレーションしてみると、退職金と年金でほぼ賄えることが少なくありません。にもかかわらず、リスクの高い金融商品で運用しているケースが多くあります。その分期待できるリターンも大きくなりますが、老後資金が十分であるなら、あえてリスクをとる必要はないわけです。

一方で、後者の**「2 証券会社などの金融機関担当者に相談して運用している人」**の場合、「プロに頼めば、金融の知識がなくても効率的に資産運用ができる」という点に安心感を覚えている人が多いのではないかと思います。しかしそれは必ずしも正しいとはいえず、証券会社であれ保険会社であれ、特定の金融機関に所属している人が商品を勧めるのは、自社の商品を売りたい、ひいては自分の営業成績を上げたいという自己利益が背景にある場合が多いです。

とはいえ、金融機関も営利組織である以上、これ自体は別に責められることではなく、仕方がないともいえます。しかし、結果として**ハイリスクな商品ばかりを買わされてしまう側こそ不運**です。

現実問題として、非常に多くの方々が誤った資産運用をしてしまっているというのは、私自身も証券会社に勤務していたことから、見えてきた実情でもあります。

そうした経験を経て、私は一人ひとりのお客さまに最適な資産運用方法を提供したいという思いを抱き、2018年にJapan Asset Managementを創業しました。

資産運用に対して「危険なもの」「ギャンブルのようなもの」というマイナスのイメージを抱く方も少なくありませんが、インフレが進むこれからの社会においては、資産運用なくして豊かな老後資金を得ることはほぼ不可能です。これについては本書で詳しくお話ししていきますが、冒頭で述べたように**リスクをとりすぎていたりコストを払いすぎていたりと、誤った方法で資産を運用している方々も、まだ資産運用に二の足を踏んでいる方々も、老後を豊かに安心して過ごせるように、まずは正しい金融リテラシーを身につけてほしい。そのうえで自身に合った最も効果的な運用法を選択してほしい。**こう考えて、私は本書の執筆を決めた次第です。

本書では、みなさんが資産運用を正しく行えるよう、資産運用の基礎知識から実践するための具体的なポイントまでをわかりやすく解説していきます。

投資にはある程度の資金が必要となりますが、老後を間近に控えた方であれば、活用すべきが**退職金**です。このまとまった額の資金を手に入れても、ただ預金として保持しておくだけでは、資産価値は目減りする一方です。そこで本書を通じ、先に述べた「資産運用」という良識をご理解いただくことで、豊かな老後に確実に近づくことができると考え、本書では退職金の活用方法についても詳しくお話しししています。

本書が、読者のみなさんが自分らしい潤沢な老後を送るための一助となれば、著者としてうれしい限りです。

第2章 資産運用の「落とし穴」から基本のポイントを理解する……41

第3章 資産運用の実践のポイントを理解する

第4章 「鉄壁の資産運用」で潤沢老後を実現する……175

おわりに……194

※本書は投資の参考となる情報提供を目的としています。
※本書の内容は2023年11月時点の情報に基づいております。また、本書の内容には正確を期するため万全の努力をいたしましたが、万が一誤りや脱落等があった場合、ならびに本書を利用した結果、損失や損害が発生した場合、出版社、著者ならびに本書制作関係者はその責任を負いかねます。投資にあたっての意思決定、最終判断は、ご自身の責任でお願いいたします。

第1章

「老後不安」の実態
——なぜ、資産運用が必要なのか？

「健康寿命」と「資産寿命」

日本人の平均寿命は延び続け、「人生100年時代」が現実になってきました。これは喜ばしい変化ですが、一方で「老後の資金は足りるだろうか」という疑問が多くの方を悩ませています。

近年、「健康寿命＝自立した生活を送れる期間」という考え方が一般的になっています。しかし、その考え方と同じくらい大切なものが**「資産寿命」**という考え方です。

これは、**「自分の資産で何歳まで生活ができるのか」**という視点です。たとえ長生きできたとしても、老後を豊かに送れないのであれば意味がありません。

健康な状態でできる限り長く生きていたい。

そして、亡くなるまでお金に不安のない状態で過ごしたい。

そう考えるなら、「健康寿命」だけでなく「資産寿命」をどう延ばすかが、大変重要な課題となります。

さて、老後を不安なく過ごすためには、どれくらいの資産が必要なのでしょうか？

「老後2000万円問題」が話題になったことは記憶に新しいことでしょう。しかし、仮に2000万円の老後資金を手元に持っていたとしても、必要な生活費は人それぞれ異なります。さらに、公的年金の受取額も個々に異なりますから、「この額を貯めれば安心」「この方法で資産を運用すればよい」という一概に正しい答えは存在しません。

これまで私が多くの方からお聞きしたお金に関する悩みの中で、大きな不安要因のひとつに、**「豊かな老後生活には、具体的にどのくらいの資産が必要なのか」が明確ではない**ことが挙げられます。

図1-1　日本の平均寿命の推移

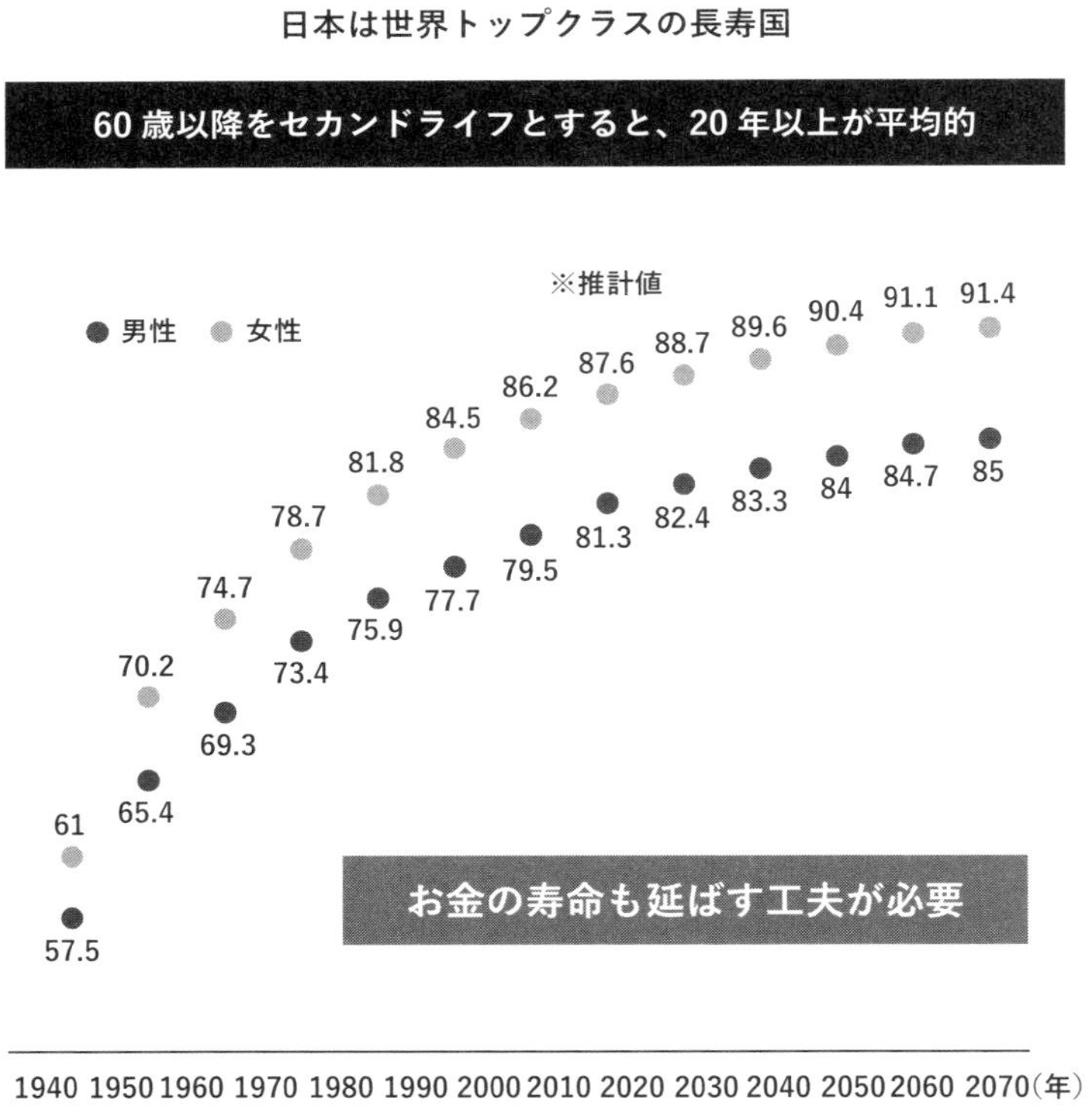

※2010年までの実績値は「日本版死亡データベース」、2020年以降の推計値は「日本の将来推計人口(平成29年推計)」の出生中位・死亡中位仮定による推計結果

出所：国立社会保障・人口問題研究所資料をもとに作成

ここで重要なのが、**ライフプランのシミュレーション**です。

つまり、**老後の収入と貯蓄がどれくらいあるのか、また生涯にわたりどのくらいの支出が見込まれるのかを把握すること**が必要です。

具体的には、まずは毎月の支出額を把握する必要があります。80歳で生涯を終えるのか、１００歳まで生きるのかでは、必要な生活資金は大きく変わります。誰にも何歳まで生きるかはわからないものですが、「人生１００年時代」にあたり、１００歳まで長生きすることを前提に老後資金のプランを立てることを勧めています。

また、支出は毎月の生活費だけではなく、ライフイベントに伴う大きな支出も考慮しなければなりません。例えば、子どもの結婚や孫の誕生、親の介護など、大きな支出を伴う出来事と、それに伴ってどのくらいのお金が出ていくのかを考えておかなければなりません。

老後をどう過ごしたいかを考える。

そのライフプランを実現するために必要な資金を理解する。

これを行うと、老後を安心して過ごすためにどのように行動すべきか、明らかになるでしょう。

預貯金だけでは、豊かな老後は送れない

現代では老後資金への不安が高まり、資産運用に取り組む人が増えている一方で、まだ足を踏み出せずにいる人も少なくありません。

ここで、日本銀行調査統計局の『資金循環の日米欧比較』（2022年8月31日）を見てみましょう（図1－2）。日本の家計の金融資産のうち、現金・預金の占める割合が日本は約54％です。それに対し、アメリカは約14％、ユーロエリアは約35％にとどまります。

これは、アメリカでは資産の8割以上を資産運用に回しているのに対し、日本では約4割しか資産運用に回していないことを意味します。

なぜ、ここまでの違いが生じるのでしょうか？

図1-2　家計金融資産の内訳

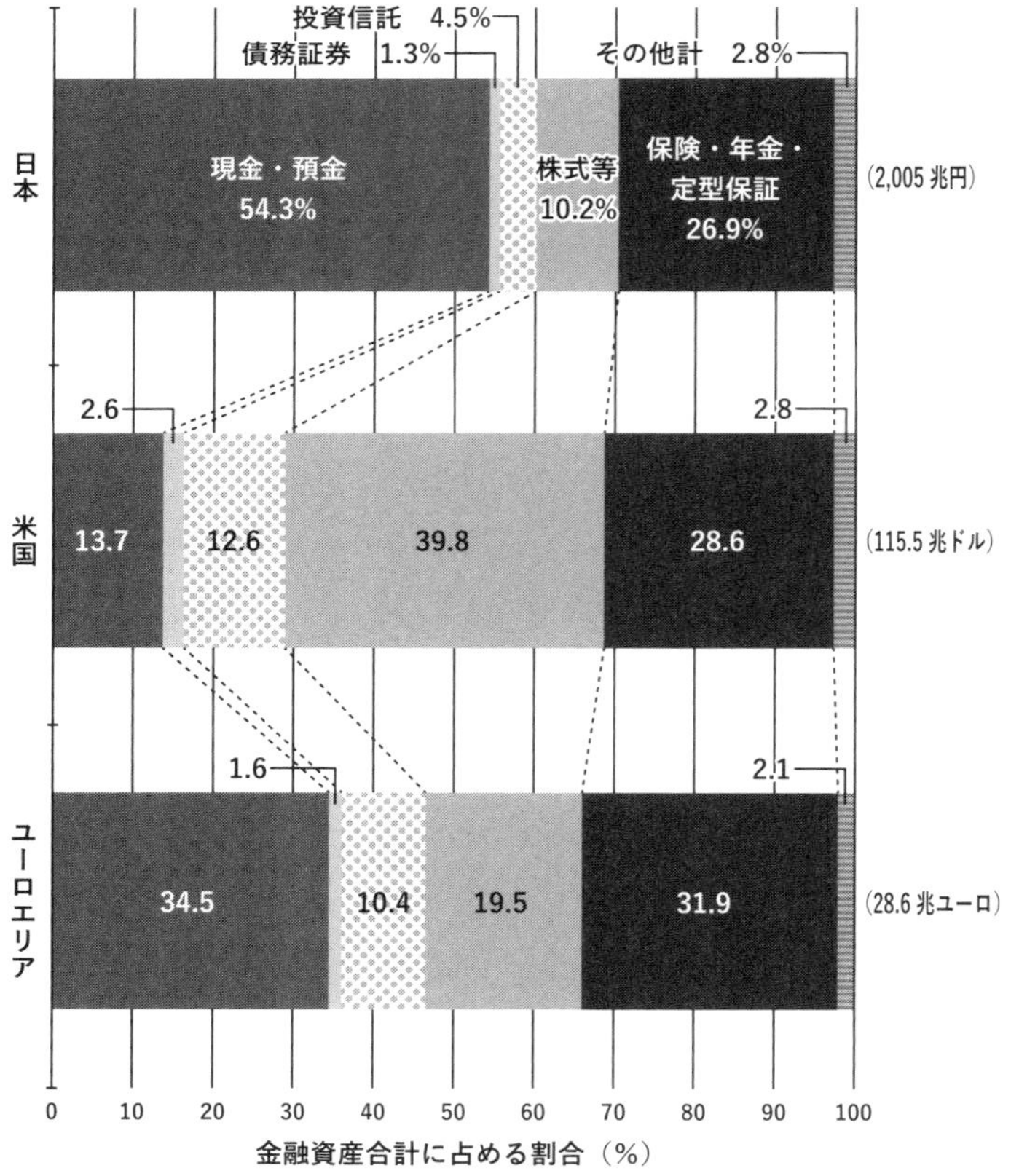

出所：日本銀行調査統計局「資金循環の日米欧比較」(2022年8月31日)をもとに作成

そのひとつの理由として考えられるのは、**これまでの日本では資産運用をしなくても、それほど老後資金に困ることがなかった**からです。

公的年金が充実していて、ある程度の退職金も受け取れる。リタイア後の生活にそれほど心配がなかったという状態では、資産を運用する必要性はそれほど感じません。

しかしそれは〝これまでの日本〟の話で、これからの日本は違います。**公的年金への期待はもはや薄れ、さらに働き方の多様化により、誰もがまとまった退職金を受け取れるわけではなくなりました。**

そう考えると、**今後は日本でも自分に合った資産運用で必要な資金を準備しなければならない**という事実は、火を見るより明らかだといえます。

「資産運用をしない」というリスクを考える

もちろん、「資産運用をせずに預金を取り崩していく」という選択も可能です。その資産が底をつかないのであれば、無理に運用をする必要はありません。ただし問題は、**かつては預貯金を持つだけで資産が増える時代から、現在は預貯金で持っておくだけでは資産が目減りする時代**だという点にあります。

一般的に知られているように、インフレとは継続的に物価が上昇していく状態を指します。しかし、日本では長い期間デフレが続いていたため、最近のインフレ基調の実感がつかめない人も多いでしょう。

近年の日本のインフレは海外の影響も大きく受けています。具体的な例として、iPhoneの価格の動きを挙げると、２０２０年に発売されたiPhone12（１２

8GB）の価格は9万9800円でした。続く2021年、同容量のiPhone13は10万7800円となり、さらに2022年のiPhone14は11万9800円と、毎年のように価格が上昇していることがわかります（2023年8月時点）。

この背景には、アメリカでのインフレが進行していることが挙げられます。日本がiPhoneをアメリカから輸入しているため、アメリカでの価格上昇が国内の販売価格に反映されているのです。


さらに、現在は**日本が低金利環境**だという問題もあります。

高金利の時代であれば、預金による金利収入が得られ、物価上昇に対抗することも可能でした。現に、1990年代初頭の定期預金の金利は6％で、この金利水準であれば約12年で2倍に増えます。しかし現在は**定期預金金利が0・003％という超低金利で、預貯金で資産を増やすことはほぼ期待できません。**

さらに、日本では税負担や社会保険料の負担が増加し、**働いても手取りがあまり増えない状態にあります。**これらの状況下で、安定した老後生活を確保するにはどのような手段が考えられるでしょうか。その答えが、**「資産運用」**です。

私は**「資産運用という良識を、日本の常識にする。」**というビジョンを掲げてJapan Asset Managementを設立しましたが、**先行き不透明な時代を豊かに生き抜くためには、誰もが「資産運用」という選択肢と正しく向き合うことが不可欠**だと考えています。

多くの日本人、特に50代以上の方々は安全志向が強く、「資産運用という危ない橋を渡りたくない。だから、お金が減らない銀行預金に預けたほうがいい」と考えている人が多いのも事実です。その中には、バブル期に株式投資などを行って大きな損失を生んでしまった経験を持つ方もいるでしょう。こうしたトラウマから資産運用をためらう気持ちは十分に理解できます。

しかし、ここであらためて考えていただきたいのですが、**「お金が減らない」ということは果たして本当に安心できるのでしょうか？**

前項で述べた通り、物価が上昇し続ける現状を鑑みると、これからもお金の価値は徐々に下がっていくことは明らかです。お金の保有額が減るわけではないものの、お金の価値が下がれば、その分、購入可能な商品やサービスも減ってしまいます。

つまり、**「資産運用をしない」という選択肢そのものがリスクにつながる可能性が十分にある**のです。

「投資」は決して「ギャンブル」ではない

これまでの日本では、資産運用の仕組みを教えてもらう機会が少なかったがゆえに、ついリスクばかりに目が行って投資に消極的になってしまう傾向があるようです。

しかし、**過去のデータを活用して統計的にリスクとリターンを判断すれば、取り返しのつかないような大きな損失を受けることはない、**と私は考えています。

投資をためらう人の中には、「投資＝ギャンブル」と捉える人が散見されますが、「投資」と「ギャンブル」は明確に異なります。**投資は、投資した先の企業の人々に働いてもらい、利益の一定額を受け取る手段**です。企業は毎年、利益を稼ぎますから、投資家への配分も増えていきます。これは経済的な成長を促進し、新しい価値を生み出す**プラスサム**の活動です。

一方、**ギャンブルは、最初に掛け金の一定額を主催者が受け取り、残った掛け金を勝者が総取りする仕組み**です。「儲かることもあれば損することもある」というのは投資もギャンブルも同じですが、ギャンブルは勝者と敗者間の単なる資金の移動に過ぎず、新しい価値の創出は伴いません。これは資金が**ゼロサム**の状態で移動する活動です。

投資は、経済全体の成長と共に個人の資産を増やす機会を提供し、ギャンブルとは根本的に異なる有益な手段といえるでしょう。

自分で働いて稼いだ給料を貯蓄していくだけでは、効率よく貯めることはできません。十分な資産を形成していくためには、投資を上手に活用していくことが大事です。

図1-3　投資とギャンブルの違いは?

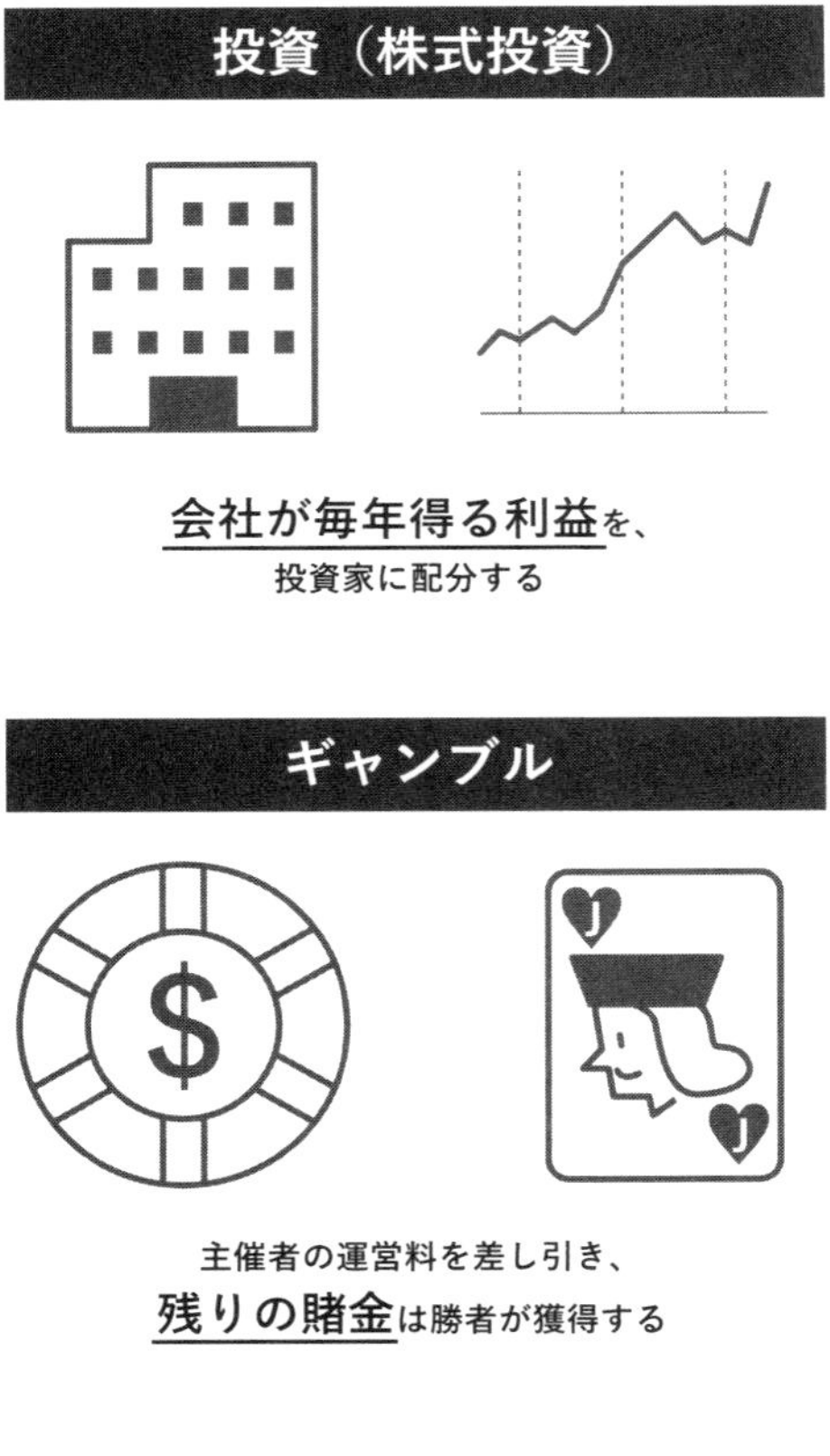
投資（株式投資）
会社が毎年得る利益を、
投資家に配分する
ギャンブル
主催者の運営料を差し引き、
残りの賭金は勝者が獲得する

目指すゴールを明確に設定する

先に述べた通り、資産運用をするか否かを決めるには、まずは実際にライフプランのシミュレーションを行うことが不可欠です。

このライフプランのシミュレーションにおいて大切なのが、**ゴールの設定**です。これは資産運用を始める50代以上の方にとっては、特に重要なポイントとなります。

例えば、20代や30代であれば、資産運用のゴールがあいまいであってもさほど問題はありません。始めるときの投資金額が小さいため選択肢は限られ、また、老後までの時間が十分にあるからです。「まずは運用を始めて、その後でゆっくりと目標を考えよう」というスタンスでいいのです。

一方で50代以上になると、資産も増え、選べる金融商品も多くなりますが、収入の終わりも近づいてきます。このときに、目指すゴールが漠然とした状態では、どんな商品を選ぶべきかの判断も難しくなります。

そのため、50代以上の方であれば、すでに資産運用を実践している人も含めて、資産運用におけるゴールをあらためて明確化することを強くお勧めします。

ここでいうゴールとは、**「何のために資産運用をするのか」**、つまり、**「リタイア後のセカンドライフをどのように過ごしたいのか」**、**「子どもや孫にどれくらいの資産を残したいのか」**を具体的に描くことです。

先のライフシミュレーション結果と併せて、**このビジョンを実現するために必要な資金量を逆算し、認識することが重要**なのです。

近年、平均寿命が延びていることから、セカンドライフの期間は昔と比べて長くなりました。例えば65歳でセカンドライフをスタートすると、１００歳までの期間は35年間となります。22歳で社会人になった人の場合、現役の期間

（65歳まで）が43年間なので、セカンドライフは現役期間に匹敵する長さとなります。

この**長いセカンドライフをどう過ごすかを具体的にイメージすることが大切**です。バリバリと働き続ける人もいれば、早期退職をして趣味を楽しみたいと考えている人もいるでしょう。セカンドライフの期間が長くなった分、その期間の過ごし方も多様化しています。

セカンドライフの資金源としてベースになるのは公的年金ですが、受給額は減少傾向にあり、「豊かな生活を送るためには自分自身で資金を準備する」という考え方が重要となります。

ですから、みなさんがどのようなセカンドライフを過ごしたいのかを具体的に想像し、その実現に向けてどんな努力が必要なのかを明確にすることが、資産運用の第一歩となるのです。

物価上昇や円安がライフプランにもたらす深刻な影響

ライフプランをシミュレーションするにあたり、無視できない要素はインフレです。

1990年代初頭のバブル崩壊以降、日本では約30年間デフレの時代が続きました。一方、最近では物価上昇の傾向が見られます（図1－4）。例えば、過去70年でタクシーの初乗り料金は約25倍となり、1杯のそばの価格は約45倍に上昇しました。もし今後もこのペースでインフレが進むと仮定した場合、生活への圧迫感は相当なものとなります。

物価への影響を与えるもうひとつの要素は円安です。2022年には1ドル＝115円から150円へと、急激に円安が進みました。私たちは日本で暮らしていますので、為替レートの変動は生活に直接影響を与えないように思えま

図1-4　年収と消費者物価の推移(70年)

	1950年	1960年	1970年	1980年	1990年	2000年	2010年	2020年	倍率
サラリーマン年収	120,000	300,000	940,000	2,950,000	4,250,000	4,610,000	4,120,000	4,000,000	33.3
大卒初任給	5,000	13,000	37,000	110,000	170,000	200,000	200,000	200,000	40.0
タクシー初乗り	30	80	280	380	520	650	710	740	24.7
お米10kg	990	987	1,860	4,120	4,933	3,955	3,478	4,590	4.6
そば・うどん(1杯)	15	35	80	280	380	480	600	670	44.7
鉛筆1本	10	10	15	30	40	40	40	40	4.0
冷蔵庫		52,000	56,000	142,000	143,000	157,000	144,000	180,000	3.5
都市部の消費者物価指数	220	328	579	1,364	1,702	1,818	1,748	1,804	5.5

※倍率は1950年から2020年(「冷蔵庫」のみ1960年から2020年)への変化率
※単位は「円」、倍率のみ「倍」
出所：総務省統計局「小売物価統計調査」・「調査結果年次経済財政報告書」・日本銀行HPより当社作成

すが、実際は違います。先のiPhoneの例のように、日本は輸入に大きく依存しているため、円安が進むと輸入品の価格が上昇し、結果として、私たちが購入する商品の価格に上乗せされます。例えば、１０００ドルの商品が11万５０００円から一気に15万円へと跳ね上がります。これは、物価が30％上がった場合と同じ影響があるわけです。

つまり、インフレと円安の二重の影響によりさまざまなモノの価格が上昇しているわけですが、**これからの時代のライフプランシミュレーションでは、インフレや円安が生活に及ぼす影響をしっかり考慮し、「インフレや円安に負けない運用」を心掛けなければなりません。**

「資産運用を行う場合」「行わない場合」を比較すると？

ここで「資産寿命」について、もう少し具体的に考えてみましょう。

例えば、退職金を含めて60歳の時点で２５００万円を手にしていると仮定します。その後、年金以外で、毎月10万円ずつ取り崩して生活を続けるとしましょう。

図１－５を見ると、２５００万円の資産を運用せずにいた場合には、老後資金は81歳で底をつきます。もちろん、「そんなに長生きするつもりはない」という人もいるかもしれませんが、寿命を自分で決めることはできません。

現に、厚生労働省の２０２１年版簡易生命表によると、80歳時点の平均余命は男性が約9年、女性が約12年です。81歳で資金を使い果たしてしまうと、そ

図1-5　資産の寿命を増やす「資産運用の効果」とは?

60 歳時点で 2,500 万円あった金融資産を毎月 10 万円ずつ取り崩す場合

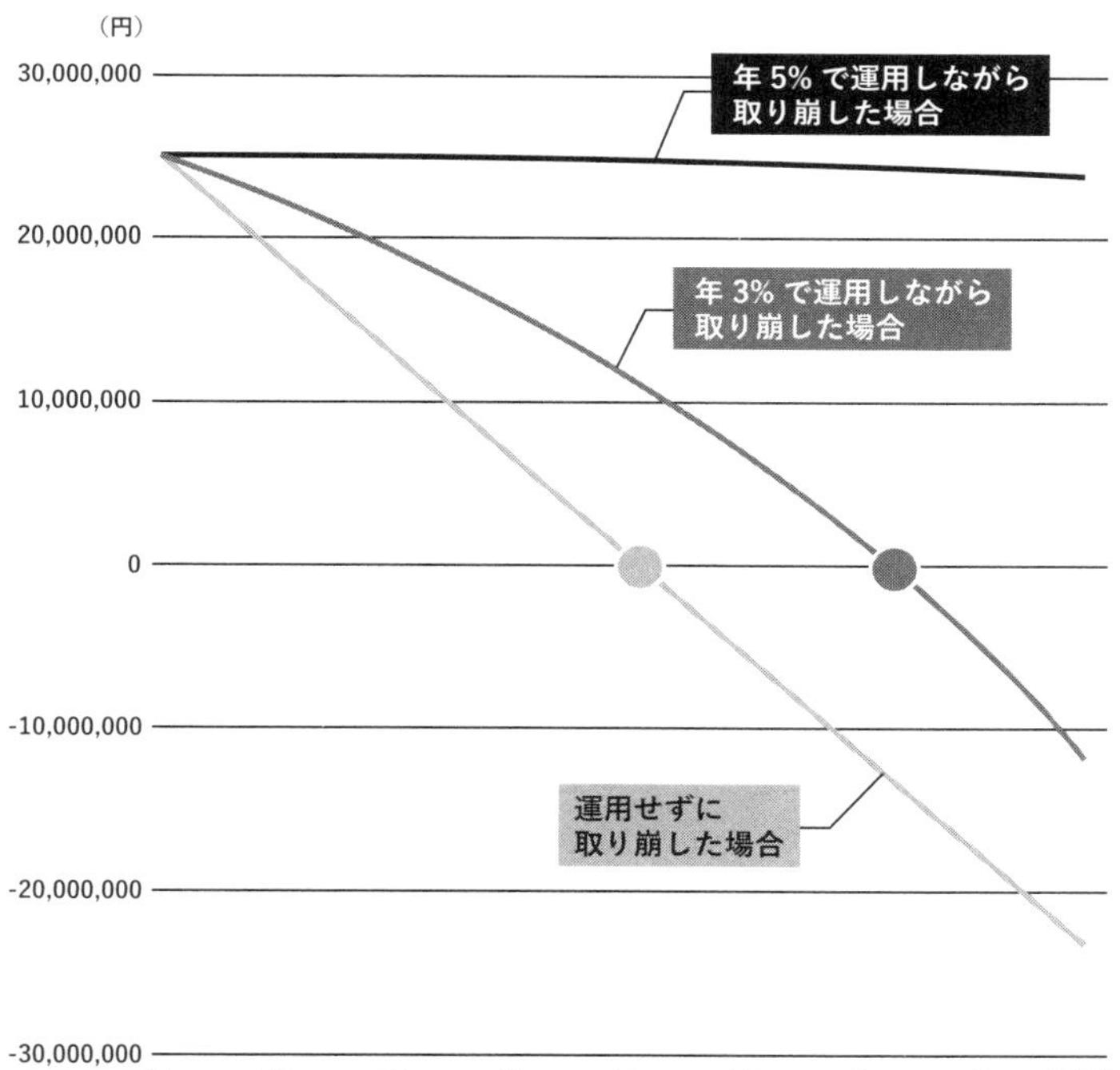

出所：当社作成

の後は年金に頼る生活となります。近年は年金の受取額も減少傾向にあり、年金だけでは生活が厳しいと感じる方も少なくないでしょう。

一方で、2500万円の資産を年3%で運用した場合はどうでしょうか。すると、すべての資金がなくなるのは92歳となり、資金寿命が11年も延びます。さらに年5%の利回りで運用すれば、資産残高はほとんど減らずに保てるのです。

つまり、**資産運用によって老後資金の心配が大幅に軽減される**のです。

「正しい資産運用」によって潤沢老後を手に入れる

本章では、資産運用の必要性についてさまざまな視点から解説してきました。まだ資産運用を行っていない読者の方々にも、その重要性が少しずつ伝わったのではないでしょうか？

しかし、中には「すでに資産運用を始めている」という方もいらっしゃるでしょう。それでも本書を手に取っていただいたということは運用が思うようにいっていない、あるいは何か悩みを抱えているのではないかと思います。

実際に私のもとにも、同じような悩みを持つ方からの相談は少なくありません。

ネット証券が一般化し、メディアや書籍から得られる情報が豊富な今、資産運用へのチャレンジは以前よりもずっと手軽になりました。それなのに、**なぜ運用の成果が思うように出せないのでしょうか？　豊かで潤沢な老後を送るための資金は、具体的にどうすれば得られるのでしょうか？**

そこで次章では、「資産運用がうまくいっていない人」に共通する悩みや失敗パターンを分析し、正しい資産運用のポイントを解説していきます。

繰り返しますが、今の社会は急速に変化しています。かつては一部の人の「良識」とされていた資産運用は、現在では広範に受け入れられる「常識」に変わりつつあります。

資産運用という選択は、投資商品や市場環境に基づき、その選択自体に「リスク」を伴います。一方、運用をしない選択もまたリスクを抱えます。それは、インフレーションや生活費の増加による「運用をしないリスク」です。**「資産運用による管理可能なリスク」をとるか、「資産運用をしないリスク」をとるか、**本書を読んであらためて考えていただきたいと思います。

第2章

資産運用の「落とし穴」から基本のポイントを理解する

「投資のセオリー」を押さえることが重要

本章からは、資産運用の基本となるポイントを解説していきますが、まず知っていただきたいのが、**「単利」**と**「複利」**についてです。ここでみなさんに質問をしましょう。

1000万円を2000万円に増やすには、年利率4%の場合、どのくらいの年数が必要だと思いますか?

A　6年
B　12年
C　18年

D　24年

年利率とは「1年間に増える率」です。つまり、1年間に4%ずつ資産が増えていくとして、1000万円の資産は何年で2000万円に増えるでしょうか？

正解は「C　18年」です。なぜこうなるのか、それには**「72の法則」**が関わっています。

「72の法則」とは、**「72を金利で割ると、複利の場合、お金が2倍になる年数がわかる」**というものです。複利についてはのちに説明しますが、図2-1のように3%で運用した場合は「72÷3」で24年、6%の場合は「72÷6」で12年と、公式によって算出できます。

この法則を使えば、逆に「資産を◯年後に2倍にするには、どのくらいの利率が必要か」もわかります。例えば200万円を10年で400万円にしたい場

図2-1　「72の法則」とは?

72の法則（複利）：お金が2倍になる年数がわかるもの

72÷ 金利＝お金が2倍になる年数

3%で運用した場合：72÷3=24　→約24年必要
6%で運用した場合：72÷6=12　→約12年必要
8%で運用した場合：72÷8=9　→約9年必要

200万円を10年で400万円にするには……

72÷ 金利＝10　→金利は7.2%必要

合、「72÷10」で7・2%、つまり10年間で200万円を倍にするには、7・2%で運用することが必要です。

ここでポイントとなるのが「単利」と「複利」という考え方です。**「単利」とは元本に対して利息のみ計算されるもの**です。図2－1でいえば、100万円を金利10%で運用した場合、毎年10万円が利息として、一定して積み上がっていくことになります。一方で**「複利」とは、一定期間に出た利息を次の元本に組み入れて運用していくもの**になります。図2－1では、金利10%の場合1年後には110万円となりますが、それを元本とすればその翌年には利息が11万円となります。さらにその翌年には121万円が元本となり、その10％＝12・1万円が利息となり……というように、利息が雪だるま式に増加していく、これが複利です。

アインシュタインが**「複利というのは人類最大の発明である」**という言葉を残したといわれるほど、重要な考え方なのです。

投資には、このようなセオリーがいくつも存在します。例えば、オセロでは「序盤は自分の色を増やさない」「4隅のマスを押さえる」など、勝つためのセオリーが存在します。投資もこれと同様、**上級者も行っているセオリーを押さえることで、投資への恐怖心が薄れる**と思います。

投資のセオリーを押さえることで、投資判断に合理性を生み出すことができます。

図2-2 「単利」と「複利」とは？

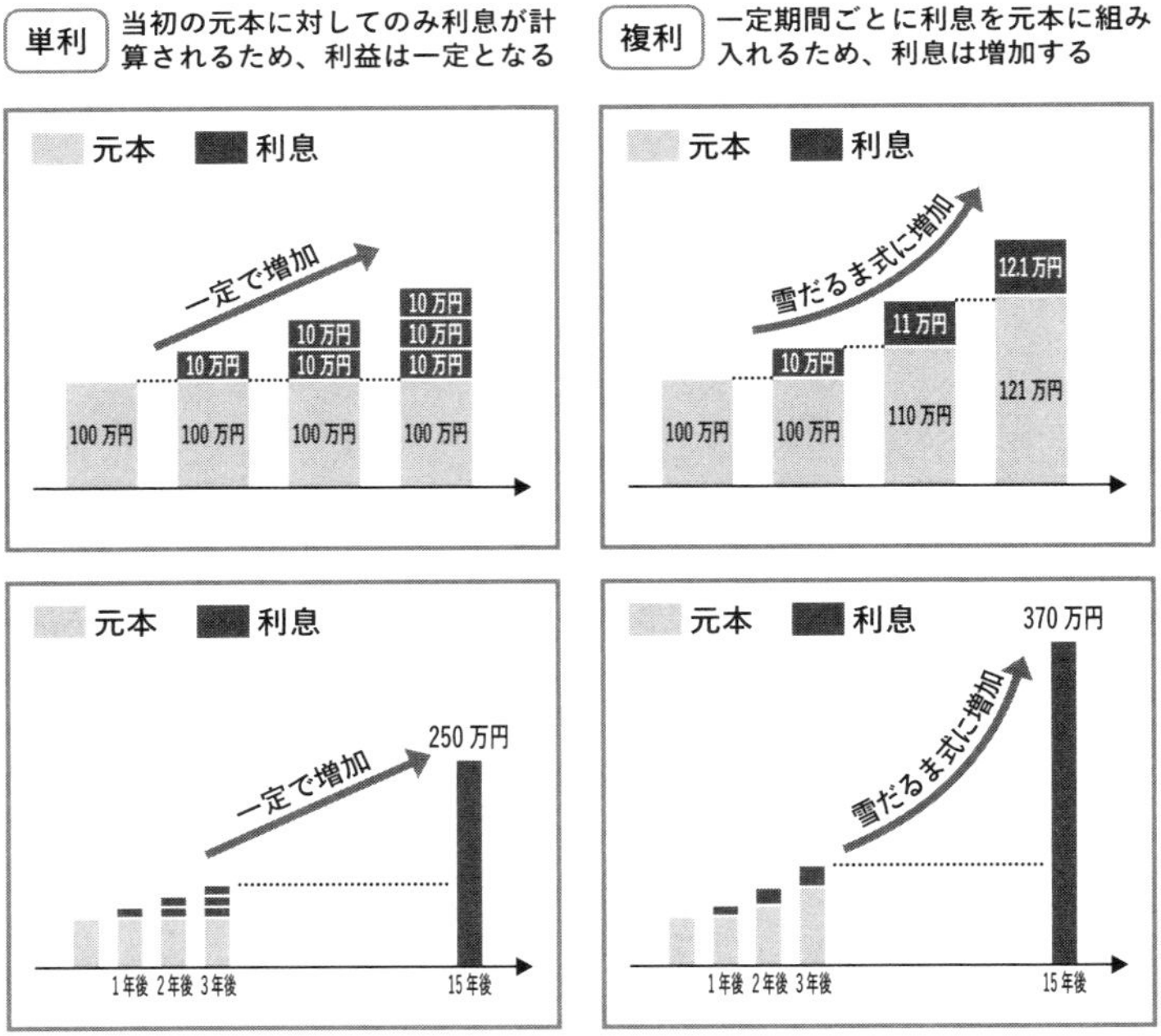
単利
当初の元本に対してのみ利息が計算されるため、利益は一定となる
複利
一定期間ごとに利息を元本に組み入れるため、利息は増加する
元本
利息
一定で増加
10万円
10万円
10万円
10万円
10万円
10万円
100万円
100万円
100万円
100万円
元本
利息
雪だるま式に増加
12.1万円
11万円
10万円
121万円
110万円
100万円
100万円
元本
利息
250万円
一定で増加
1年後
2年後
3年後
15年後
元本
利息
370万円
雪だるま式に増加
1年後
2年後
3年後
15年後

「資産運用失敗者」の共通点

今や自力で投資を学び、株式などの売買をしている方も多くいます。しかし、安定的な利益を得ている人はほとんどいないというのが現実です。

なぜ、投資で成果を出せないのか。それは投資のセオリーを押さえていないのに加え、次の3つの要因があります。

①感情に左右されてしまう

人間誰しも、「損をしたくない」と感じるものです。そのため、**資産を運用する際には、時期尚早な利益確定をしてしまうことや、損切りのタイミングを逃してしまうことがあります。**

例えば、A社の株式を購入した後、株価が上昇すれば理論上の利益が生まれるわけですが、その利益は売却するまで確定しません。そして、株価が再び下落すれば利益は減少し、さらなる下落で損失となります。このとき、「損をしたくない」という感情から「利益を確保したい」と思い、早めに売却しようとする心理が働きます。

損失を抱える前に売却したくなる気持ちはよくわかります。ただし、そのように**焦って売却してしまうと、わずかな利益しか得られません。**実際、利益を確定した後に、株価が大幅に上昇することもしばしばあります。

逆のケースも考えられます。株式を購入した後、株価が下がった場合、売却すれば損失となります。「もう少し待てば、株価が回復するかもしれない」という期待から、なかなか損切りに踏み切ることができないのです。その後、さらに株価が下がると、損切りが難しくなり、「いま売却するとこんなに損失が出てしまうから、少しでも回復してから損切りしよう」とためらううちに、損失が大きくなってしまいます。このように、感情によって合理的な判断ができなくなり、失敗してしまうのです。

②SNSなどの情報に左右されてしまう

最近では、YouTubeやXなどのSNSで投資情報を発信する人が増えています。彼らの発言には魅力的なものもありますが、**SNSでの情報発信のタイミングでは、すでにその投資対象の人気が過熱していて、結局高値摑みになってしまうことが多い**のです。

実際、過去には仮想通貨、特にビットコインの急激な人気の際、多くの人が短期間で利益を上げる一方で、疑わしい勧誘も増えました。「新しい仮想通貨をつくって上場させるから投資してほしい」と勧誘したり、「数千万円を投資するだけで、何十億円にも成長する可能性がある」と言って周囲から資金を集めたりするのです。こうした口車に乗って資産を失うことになった人も少なくありませんでした。

驚くべきことに、**社会的地位や学歴の高い人でも、このような詐欺的な金融商品に騙されるケースは少なくありません。**SNSで発信される情報が増加した現代において、日本人の金融リテラシーの低さが浮き彫りになっているのです。

③過度なリスクをとっている

「過度なリスク」というフレーズは、**「必要のないリスク」**ともいえます。老後の資金に対する不安を軽減するための資産運用を検討する方々の多くは、実際に「どれほどの資金が老後に必要か」という具体的な計画を持っていないことが一般的です。その結果、**十分な資金があるにもかかわらず、過度にリスクをとって運用しようとする**わけです。

私たちが推奨するアプローチは、まずライフプランのシミュレーションを行うことです。このシミュレーションを通じて、リタイア後にどんなライフイベントがあるか、どんな生活を送りたいかを具体的にリストアップし、想定される支出を計算します。そして、退職金や年金などの収入源を合わせて、総合的な資金計画を立てます。

会社員の方であれば、退職金や年金だけで十分な老後資金を確保できるかもしれません。一方、資産価値を保全し、さらに増やすためには、資産運用が効果的な方法といえます。特に、老後の生活をより快適に送りたいのであれば、リスクの低い投資方法、例えば元本割れするリスクが低い債券などを選ぶことは、良策といえるでしょう。

要点を整理すると、過度なリスクを避けるためには、以下の3点の事項を確認することが大切です。

1点目：老後の収支を明確にする
2点目：資産運用の目標金額を計算する
3点目：資産運用に必要なリスクを把握する

資産運用において、「どれだけリターンが得られるか」を予測することは難しいものです。一方、**リスクに関しては、過去のデータや市場の状況を分析することで、ある程度の予測が可能**です。

ここでいうリスクとは、資産価格の**「変動幅」**を指します。詳しくは後述しますが、運用する金融商品ごとにこの変動幅はおおよそ予測できます。特に50

代以上の方は、価格の変動幅が大きい金融商品で運用してしまうと、価格が大幅に下落した場合、その価格の回復に十分な時間が取れないかもしれません。

自分がとれるリスクを把握して、その範囲で資産運用をすることが重要なのです。

投資初心者が陥った3つの「罠」商品

ここで、多くの方が損失を被った金融商品の実例を紹介しましょう。

①レバナス投資

ネットを中心に話題となったのが、アメリカのナスダック100指数の2倍の値動きをするように設計された投資信託です。例えば、ナスダック100指数が10%上昇すると、投資信託の価格は20%上昇します。値動きに「レバレッジ」がかかっていることと、「ナス」ダック100指数に連動していることから、「レバナス」と呼ばれるようになりました。

指数が上昇すると2倍のリターンが得られるので、一見すると魅力的に思えます。しかし、**指数が下落しているときにも値動きが2倍になる**ため、指数がマイナス10％下落すれば、この投資信託の価格も20％の下落をすることになります。

また、**レバナス投資のもうひとつの特徴は、価格が一度下がってしまうと、元の価格に戻るのが難しく、その回復が対象指数より遅れてしまう点**です。

例えば、ナスダック総合指数とその指数に2倍のレバレッジをかけた指数が、同じ100ポイントからスタートしたとします。ナスダックが翌日に10％減少した場合、レバレッジをかけた指数は20％の減少を見せます。さらに翌日、ナスダックが11％回復すると、ナスダックは開始点の100ポイントに戻りますが、レバレッジ指数は22％増加しても97・6ポイントにしかなりません。このようにレバナス投資では、価格が一度でも下がると、市場が回復しても元の基準価格まで戻りにくいため、長期にわたって保有する場合は損失を被りやすくなります。

レバナス投資は、短期的な取引には適しているかもしれませんが、長期的な資産増加を目的とする商品ではありません。ＳＮＳなどで「レバナスを保有している」との投稿もしばしば見られますが、慎重に取り扱うべき商品であるといえるでしょう。

②仕組債

金融機関が頻繁に提案する「仕組債」は、近年、新聞やテレビの報道で大きく取り上げられるようになりました。いくつかの金融機関が、顧客に対してリスクの説明が不十分だったとして行政処分を受ける事態も生じています。仕組債自体は必ずしも不良な商品ではありませんが、その特性やリスクをしっかりと理解せずに手を出してしまうと、後々後悔するケースが多いのです。

この商品の大きな問題点として挙げられるのは、その手数料が透明性に欠ける点です。実際、販売側の金融機関でさえ、商品を組成する際にどのくらいのコストが内包されているのか、正確に理解していないケースが多く、購入する投資家が真実を知ることは非常に難しいのです。

特に人気を博していた仕組債は、株価に連動するタイプでした。例えば、「ハイテク企業のA社の株価が1年以内に半分以下にならなければ、30％の利益になる」という商品がありました。多くの投資家は「さすがに1年で株価が半分になることなどないだろう」との見込みでこの商品を購入します。ただし、仕組債には早期償還条項が付いていることがほとんどで、株価が一定以上になると、満期を待たずに途中で償還されてしまいます。

例えば、株価が上昇したことで投資が終了となり、期待していた30％のリターンを得られず、わずか5％の利益しか得られないケースもあります。そこで、金融機関の営業マンが再度、新しい仕組債の提案を行うことが多いのです。金融機関は販売するたびに繰り返し手数料を得るチャンスが増えるため、彼らにとってはメリットの多い商品だといえます。

株価は変動するもので、1年間で半値になる可能性も否定できません。その際、投資金額は株式として返還され売却を試みたとしても、元の資産の半分以下になってしまう可能性が高まります。実際に、そのようなリスクについて金融機関の営業マンから説明を受けているはずです。しかし、不幸にも多くの投資家は、これを預金のような安全な商品と誤解し、十分なリスク認識なく購入を決断してしまいます。

結果として、多くの投資家が思い描いていたリターンを得ることができず、それどころか大きな損失を被ることとなり、社会的な問題として多くの注目を浴びることとなったのです。

③トルコリラ建ての債券

広告などでよく見かけるものに、トルコリラ建ての債券があります。これらは年利10%と謳い、多くの投資家の注目を集めましたが、実際は高リスクな新興国の債券です。一例として、トルコリラの為替手数料が非常に高いことが挙げられます。過去にはある証券会社で、トルコリラの為替手数料が7・3%にも上ることがありました。円からトルコリラに替える際、さらに満期時や売却時にも同じくらいの手数料がかかることがあります。

この高い為替手数料に加え、金利のついたトルコリラ建ての債券を購入する際に、購入手数料は1%から3%の範囲で発生します。トルコリラの債券を購

図2-3　インフレになるとお金の価値が下がる

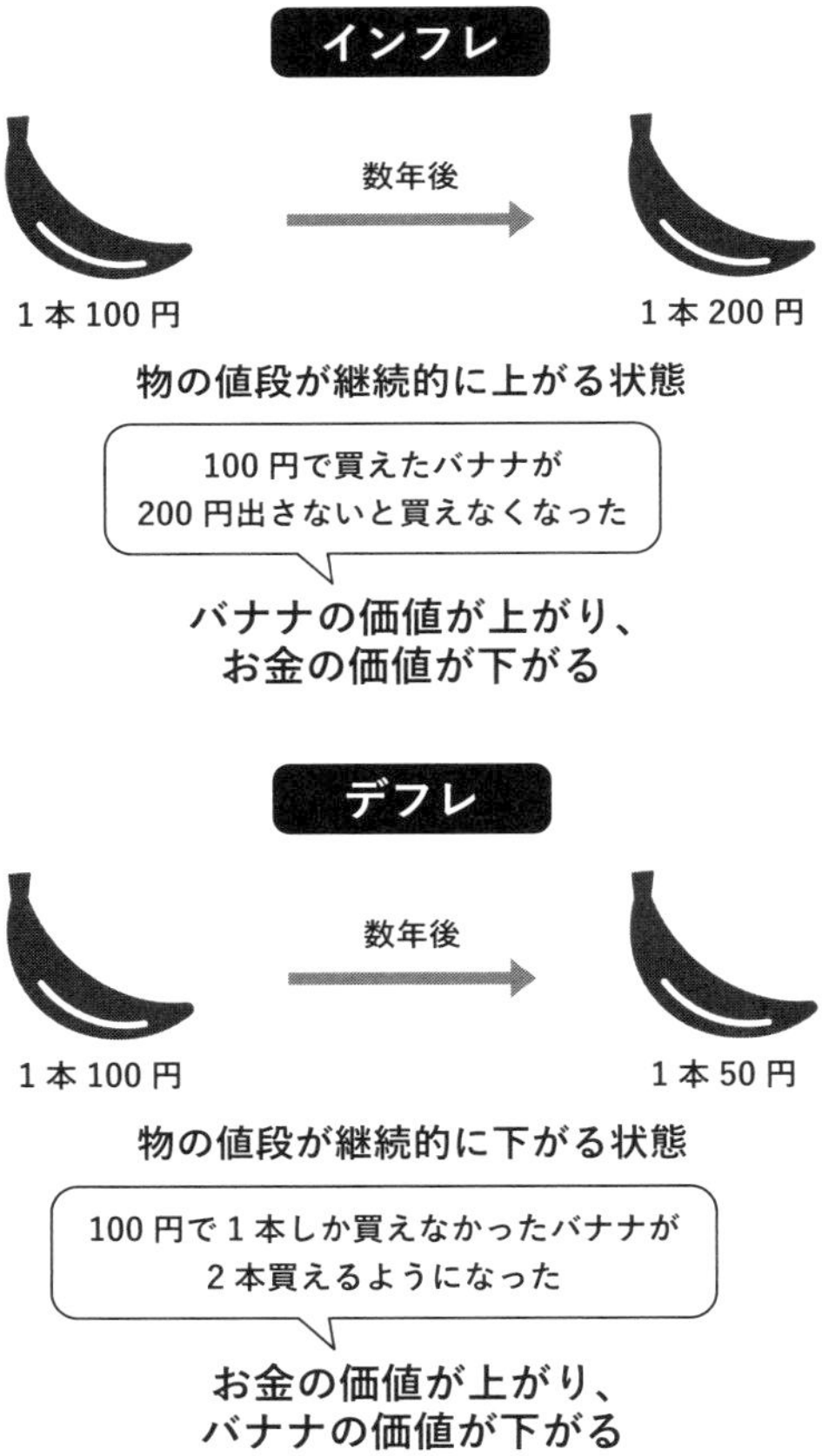

インフレ
数年後
1本100円
1本200円
物の値段が継続的に上がる状態
100円で買えたバナナが
200円出さないと買えなくなった
バナナの価値が上がり、
お金の価値が下がる
デフレ
数年後
1本100円
1本50円
物の値段が継続的に下がる状態
100円で1本しか買えなかったバナナが
2本買えるようになった
お金の価値が上がり、
バナナの価値が下がる

入し、満期まで保持して円に戻した場合、手数料の合計は約16％になってしまうのです。

世界中の金融商品を見ても、10％以上の手数料がかかる商品は非常に珍しいです。一方、「年率で10％以上の利益が得られるなら、10％の手数料を支払っても構わない」と考える方もいますが、これは運用の基本的な理屈から見ると間違っているでしょう。例えば、トルコの物価上昇率は約60％にも上り、このインフレ率が通貨の価値を下げています。つまり、トルコリラでの利回りが10％であっても、実質的には損失になる可能性が高いといえます。

総じて、トルコリラ建ての債券は見かけの高い利率に惹かれるものの、実際のリスクを十分に考慮すると、最適な投資先とはいえません。老後の安定した生活を考える50代以上の方々には、このようなリスクをしっかりと理解したうえで、慎重に投資判断を行うことをおすすめします。

「個人投資家」と「プロの投資家」は同じ土俵で勝てるのか？

資産運用の世界は独特なものであり、そこでの勝敗はさまざまな要因に左右されます。常に浮かぶ疑問が「個人投資家」は「プロの投資家」と真っ向から戦えるのか、ということです。

ここで個人投資家とプロの投資家のパフォーマンスの差を見てみましょう。

2017年の11月に日経平均株価は高値を更新し、バブル崩壊以降約25年ぶりの高値となりました。年初と比較すると驚異的な17・9％の上昇を示しましたが、実はこのとき、個人投資家の約4割の運用成績がマイナスでした。

2018年は年末に米中貿易摩擦や中国経済の減速、米国の金融引き締めへの懸念などから、最終的に日経平均株価が大きく下落しました。結果として、

図2-4　個人投資家とプロの投資家のパフォーマンスの違い①

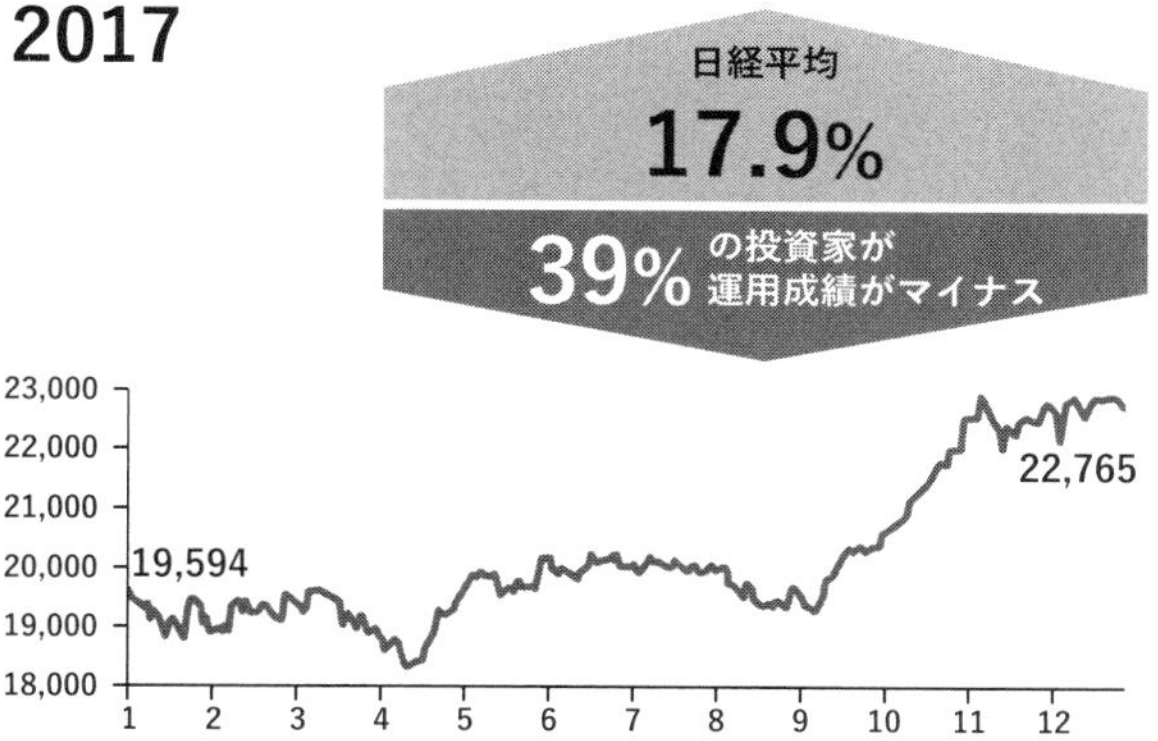

出所：NIKKEI STYLE発表データより当社作成

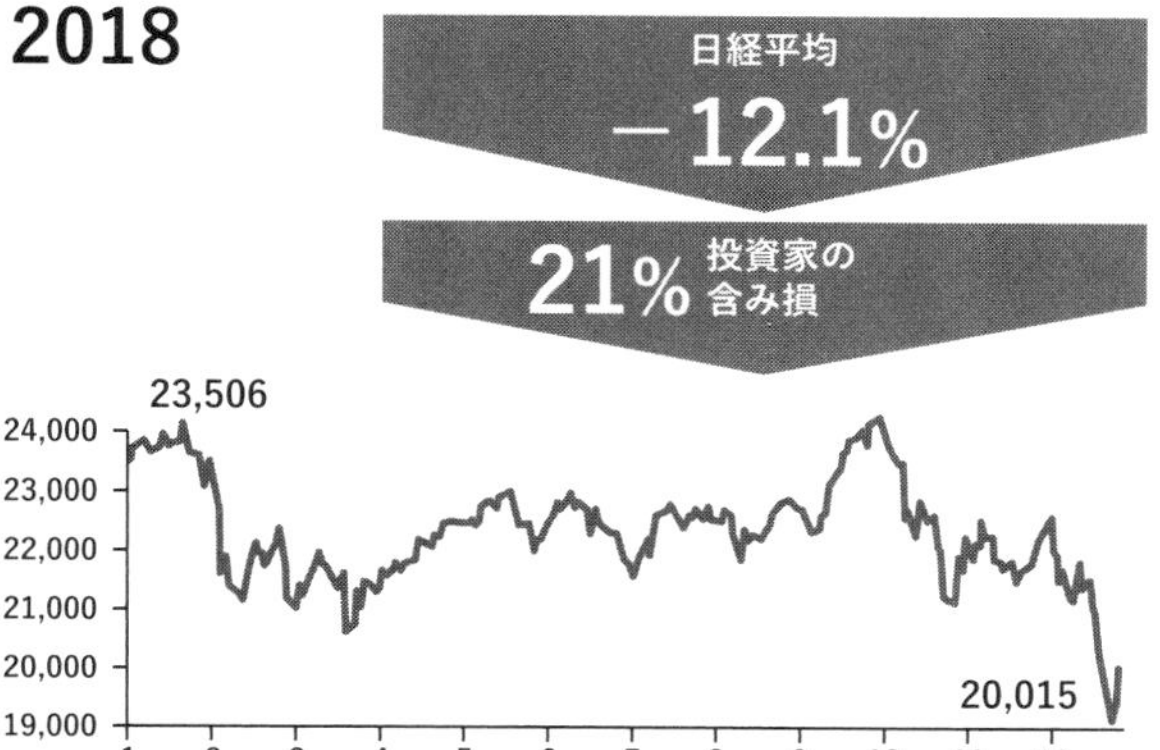

出所：ダイヤモンドZAi・オンライン発表データより当社作成

年間の下落率は約12％となったものの、個人投資家の平均的な損失はそれを大きく上回る21％に達していました。日経平均株価の下落率に比べて、個人投資家の損失はさらに悪化しています。

2019年は、日本国内では消費税率の引き上げが注目されました。過去に増税が実施された年は株式市場が不調になるケースが多い一方で、この年は世界的な金融緩和の影響で株価が上昇しました。日経平均株価は1年間で20・9％上昇していますが、個人投資家の運用成績はそれに追随することなく、4人に1人が1％以下の成果しか上げられていないのです。

そして、2020年は新型コロナウイルスの感染拡大があり、株式市場も乱高下しました。一方、金融緩和や財政出動などがあり、日経平均株価は年末までに18・2％上昇しました。それでも、個人投資家の運用成績は前年と同様に4人に1人が1％以下にとどまっています。

2017年から2020年までの4年間の動きを見ると、**日経平均株価が上昇してマーケット環境が良好な時期であっても、個人投資家が高い運用パフォーマンスを上げるのは非常に難しい**ことがわかります。

図2-5　個人投資家とプロの投資家のパフォーマンスの違い②

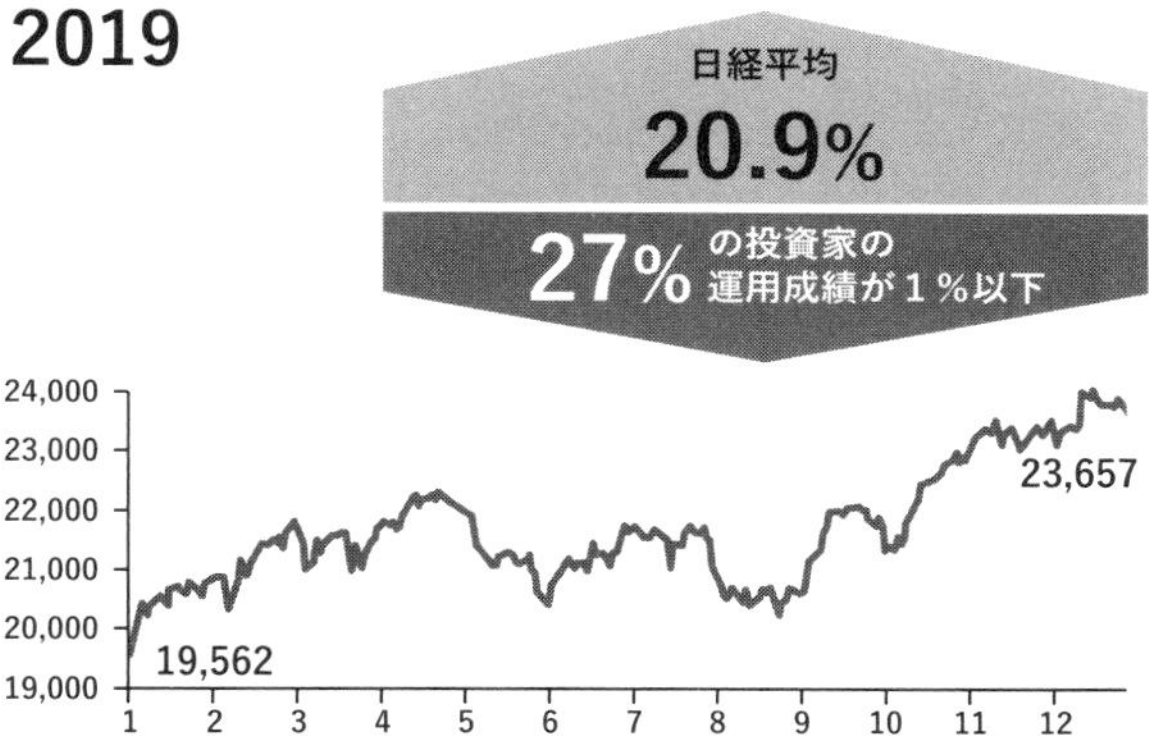

出所：日本経済新聞「ベテラン苦戦、初心者増加　コロナ下の個人投資家」より当社作成

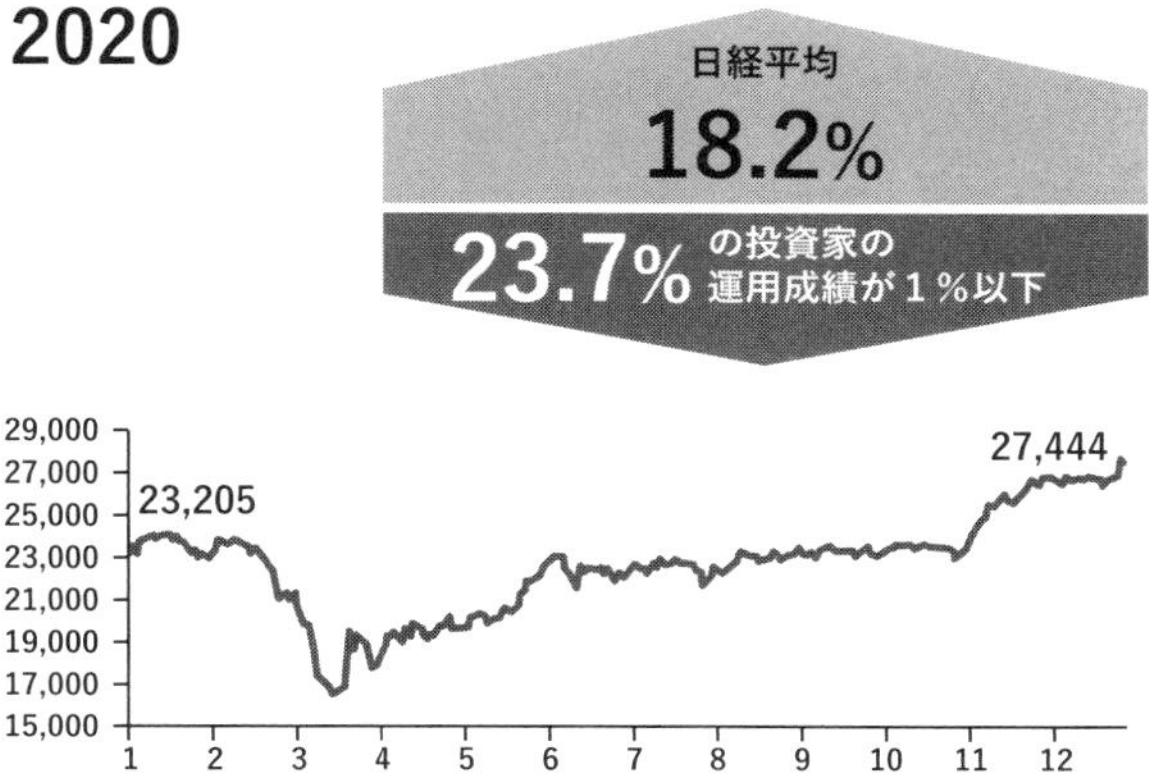

出所：日本経済新聞「ベテラン苦戦、初心者増加　コロナ下の個人投資家」より当社作成

「プロの投資家」の運用方法に学ぶ

資産運用のプロといえば、機関投資家が挙げられます。機関投資家とは、生命保険会社、損害保険会社、年金基金など、大量の資金を運用する大口投資家のことを指します。ここで、その代表例としてGPIF（年金積立金管理運用独立行政法人）とCPPIB（カナダ年金制度投資委員会）の運用方法を参考に、プロの投資戦略を解析していきましょう。

GPIFは、日本の年金資産約200兆円を運用している世界最大の機関投資家です。2004年度から2021年度までの年間の勝率を見ると13勝5敗という好結果を残しています。この期間の平均リターンは4・53％と、安定した運用成果を出していることが確認できます。

一方、同じ期間でＣＰＰＩＢの平均リターンは８・91％と、リーマンショックを経ても確かな運用成果を出しています。

なぜ、個人投資家とプロ投資家でこれほどの差が出るのでしょうか。一般的には、「プロは専門的な知識を持っているので、独自に企業分析をして有望な投資先を見つけ出せるからではないか」「専門的な知識を持って将来を予測し、それをもとに投資しているからではないか」と考えるかもしれませんが、それだけではありません。実際は、機関投資家が採用している投資手法は非常にシンプルなのです。

ＧＰＩＦなどの投資方針や内容は、すべてインターネット上に公開されています。彼らの主要な戦略は**「長期投資」**と**「分散投資」**に集約されます。投資の鉄則である「長期投資」と「分散投資」を徹底して行っているのが、機関投資家なのです。

このアプローチは非常に理にかなっているといえます。ＧＰＩＦは私たち国民の貴重な年金資産を運用しているため、過度なリスクをとることなく、安定的な運用をすることが求められます。将来を見据えて資産を守りながら着実に

図2-6　個人投資家とプロの投資家のパフォーマンスの違い③

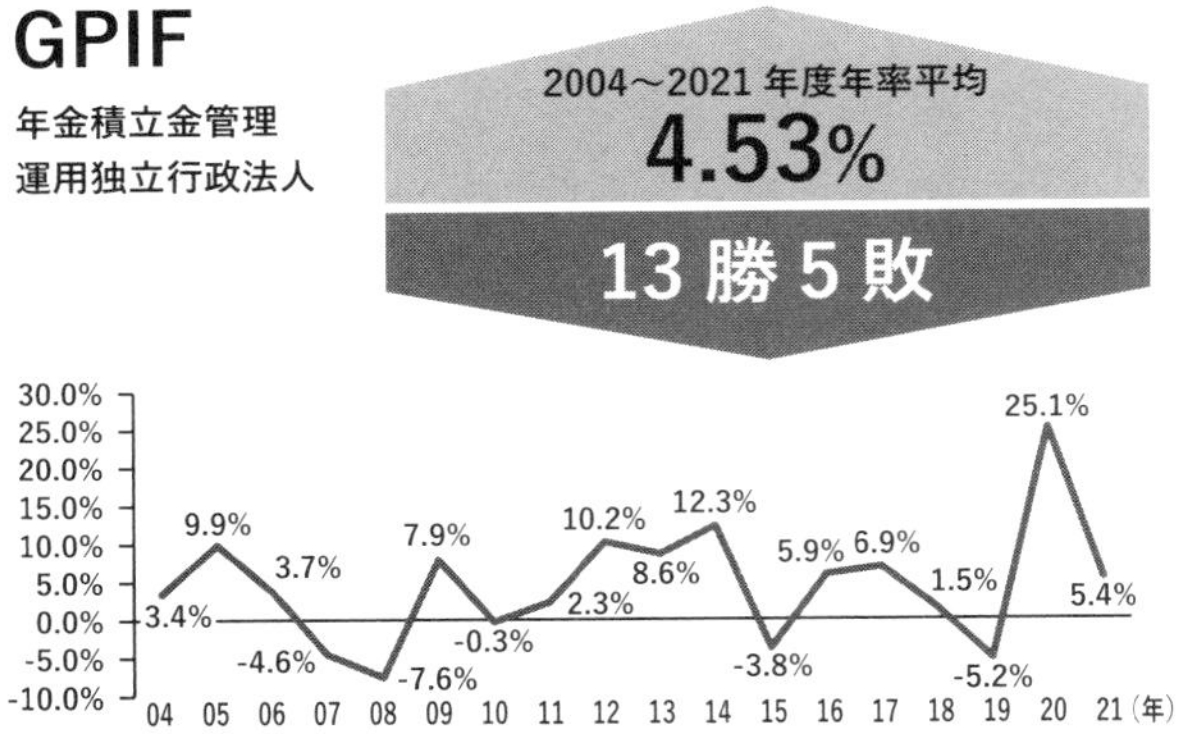

出所：年金積立金管理運用独立行政法人のデータをもとに当社作成

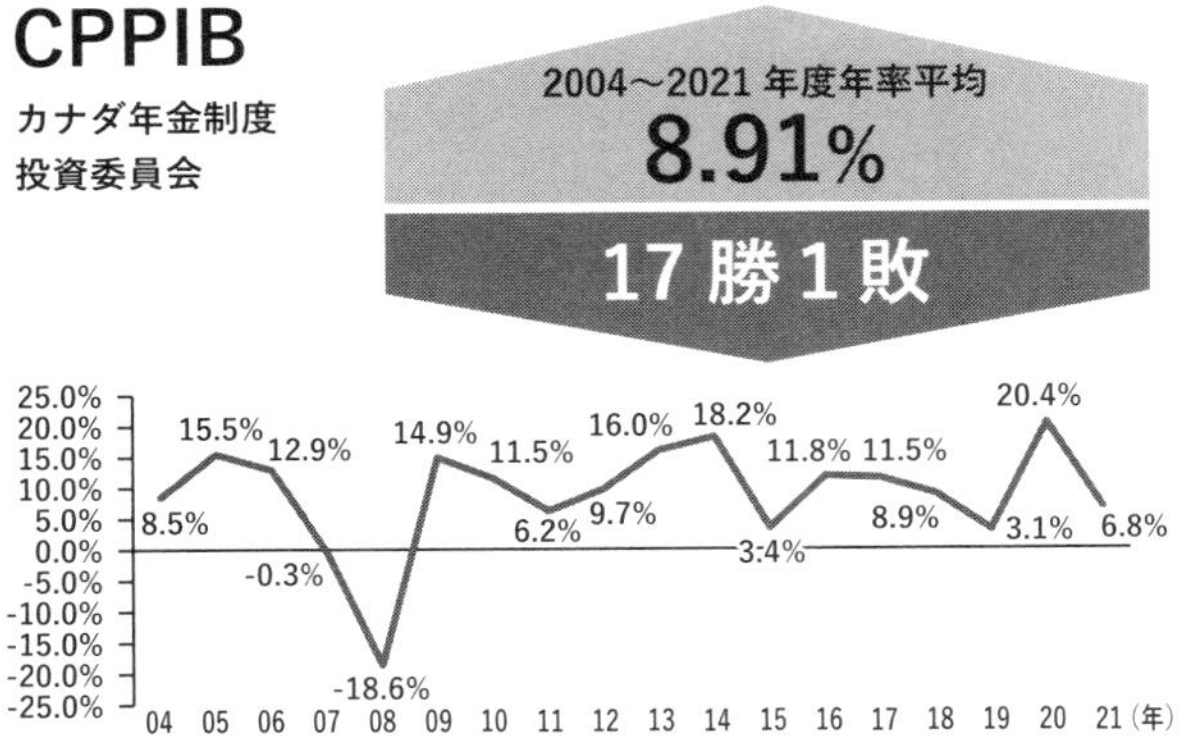

出所：年金積立金管理運用独立行政法人のデータをもとに当社作成

図2-7　GPIFの基本ポートフォリオ

		国内債券	外国債券	国内株式	外国株式
資産構成割合		25%	25%	25%	25%
乖離許容幅	各資産	±7%	±6%	±8%	±7%
	債券・株式	±11%		±11%	

出所：GPIF

成果を出していく方針が採られているのです。

これは、個人投資家にも大変参考になる戦略といえます。老後資金のために運用を考える際、GPIFの戦略を取り入れるとよいでしょう。

GPIFが実践している長期・分散投資には、次の3つのポイントがあります。

・長期的な目線で考える
・資産を分散してリスクを抑える
・コストの低い商品を選択する

次項では、これらのポイントを詳しく検証します。

長期的な目線で考える「長期投資」の効能とは？

「長期投資は安全」とよく言われます。しかし実は、**長期投資するとリスクは小さくなるのかという質問に答えるとすれば、答えは「ノー」**です。

一般的に「リスク」という言葉は、「危険性」あるいは「損失」といった意味で使われることが多いのですが、金融の世界では、**「リスク＝価格の変動幅」**を指します。これには、投資商品の価格が予想よりも低くなるだけでなく、予想以上に高くなることも含まれています。投資の期間が長くなればなるほど、価格の変動幅は大きくなるため、リスクも大きくなると考えられます。

それでは、なぜ長期投資は「安心」「リスクを減らせる」などといわれるの

図2-8　投資期間が長くなるほど価格変動の幅は拡大する

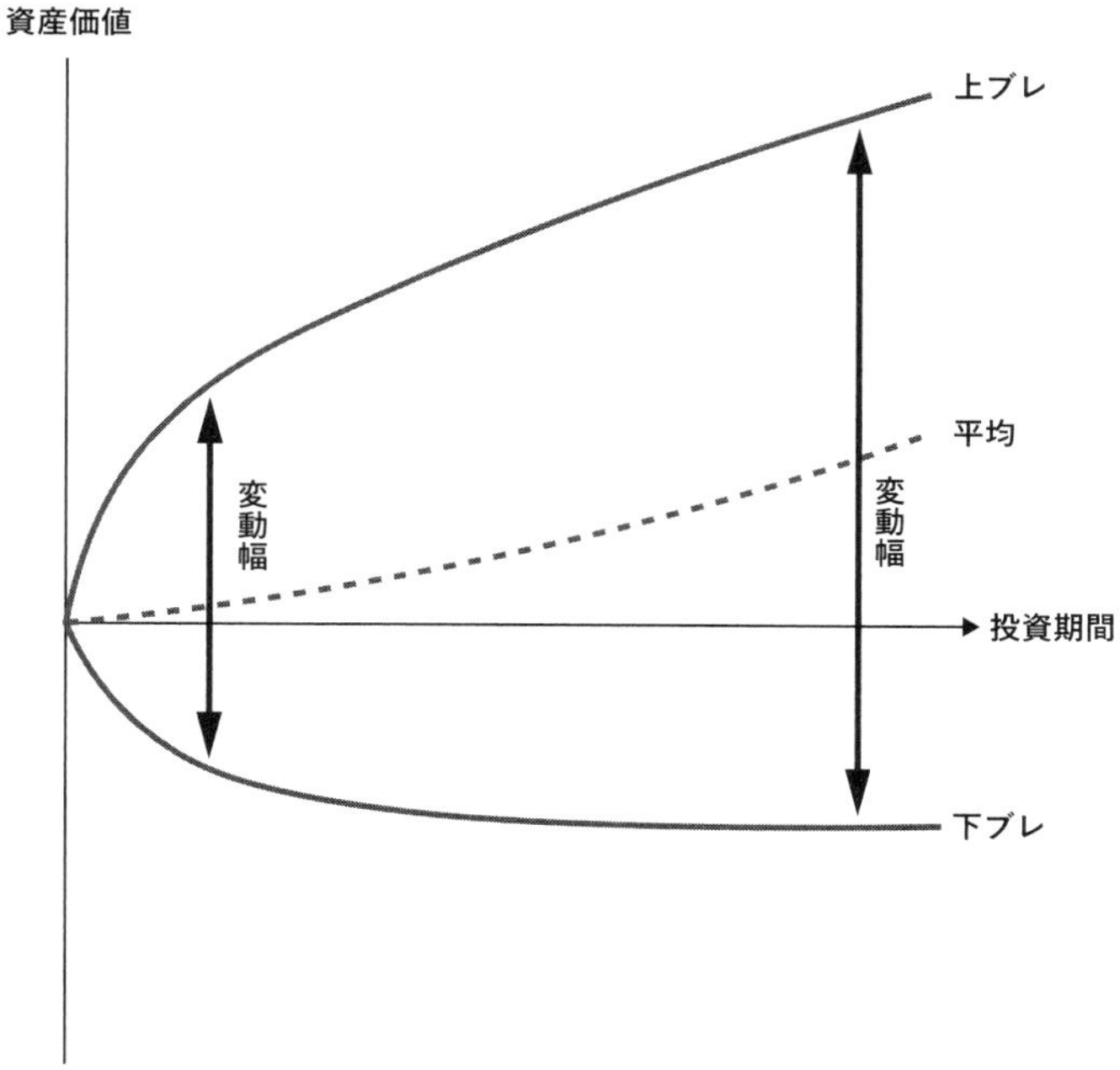

でしょうか。

図２－９は、１９５０年から２０１８年までの68年間の米国市場の値動きをもとに、運用期間とリターンとの関係を示したものです。例えば、68年間の中で1年だけ投資をした場合、最もリターンが出た年ではリターンは61％に達しました。一方で、最もリターンが悪い年ではマイナス43％まで落ち込んでしまいました。この68年間の平均リターンは13％です。

それでは、投資期間を長くするとどうなるのでしょうか。例えば、68年間のうち運用を3年間した場合、最も高いリターンは33％（年平均）、最も悪いリターンはマイナス16％（同）です。投資期間が長くなるにつれて、リターンのマイナス幅は小さくなり、運用期間が15年に及ぶとマイナスは発生しなくなりました。つまり、**68年間でいつ投資を始めても、15年間投資をし続ければマイナスになることはなかった**のです。

このデータから、**投資期間が長ければ長いほど、元本を下回るリスクは低減する**、ということがわかります。

図2-9　運用期間とリターンの関係

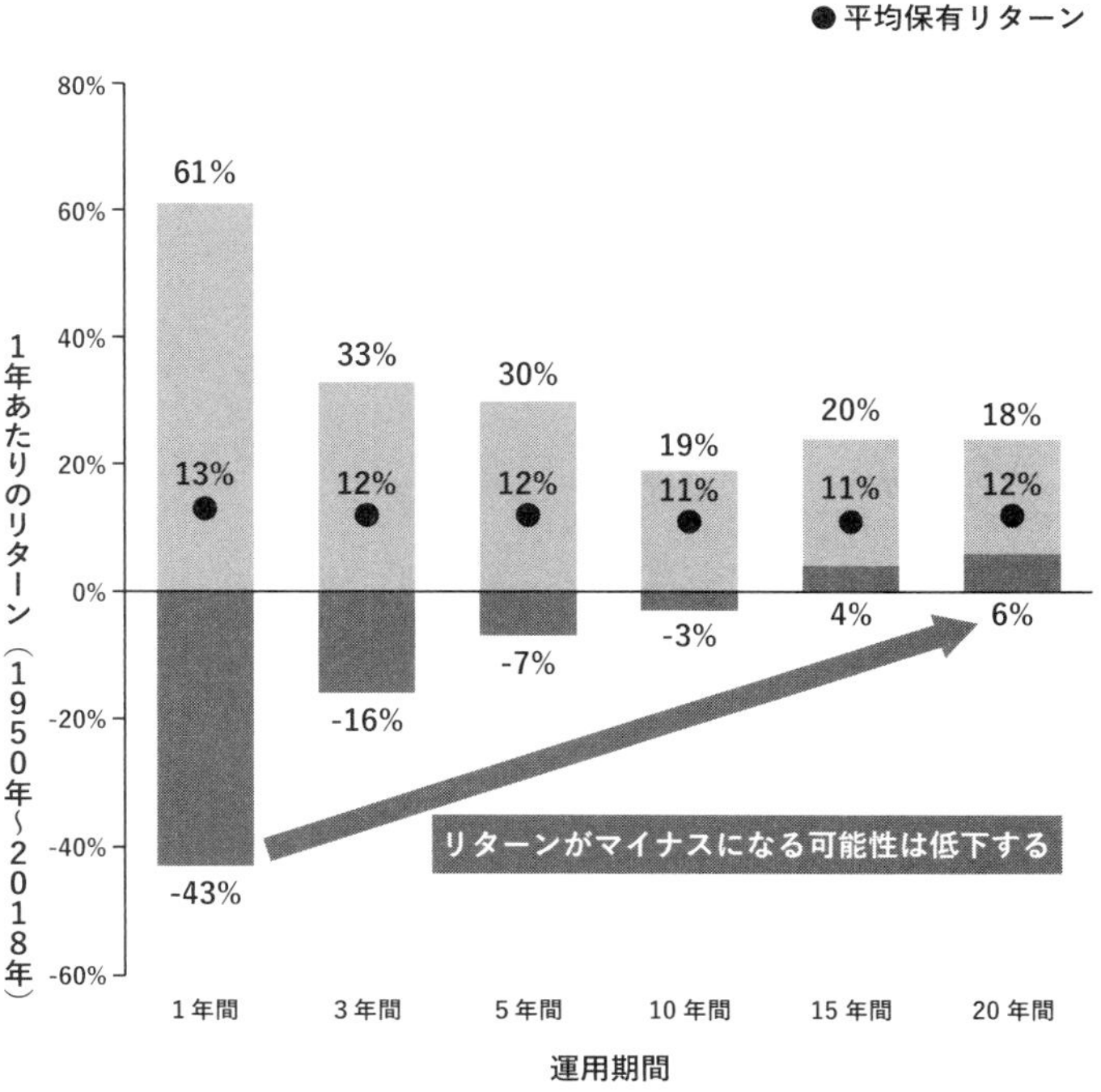

出所：Morningstar Direct.Data as of 1/1/1950-10/31/18のデータをもとに当社作成

また、アメリカの研究によれば、運用パフォーマンスに影響する主要な要因は以下の4つです。

①アセットアロケーション
②銘柄選択
③売買のタイミング
④税金 他

1年程度の短期投資の場合、銘柄選択や売買のタイミングが約6割程度パフォーマンスに影響を及ぼすとされています。一方、運用期間が10年程度になると、銘柄や売買のタイミングは、ほとんどパフォーマンスに影響がないといわれます。

資産運用を始めようと考える方の多くは、「どんな銘柄を買うか」を真っ先に気にします。しかし、パフォーマンスに影響する最も大きな要因は**①アセッ**

図2-10　長期投資(10年間)のパフォーマンスはアセットアロケーションで決まる

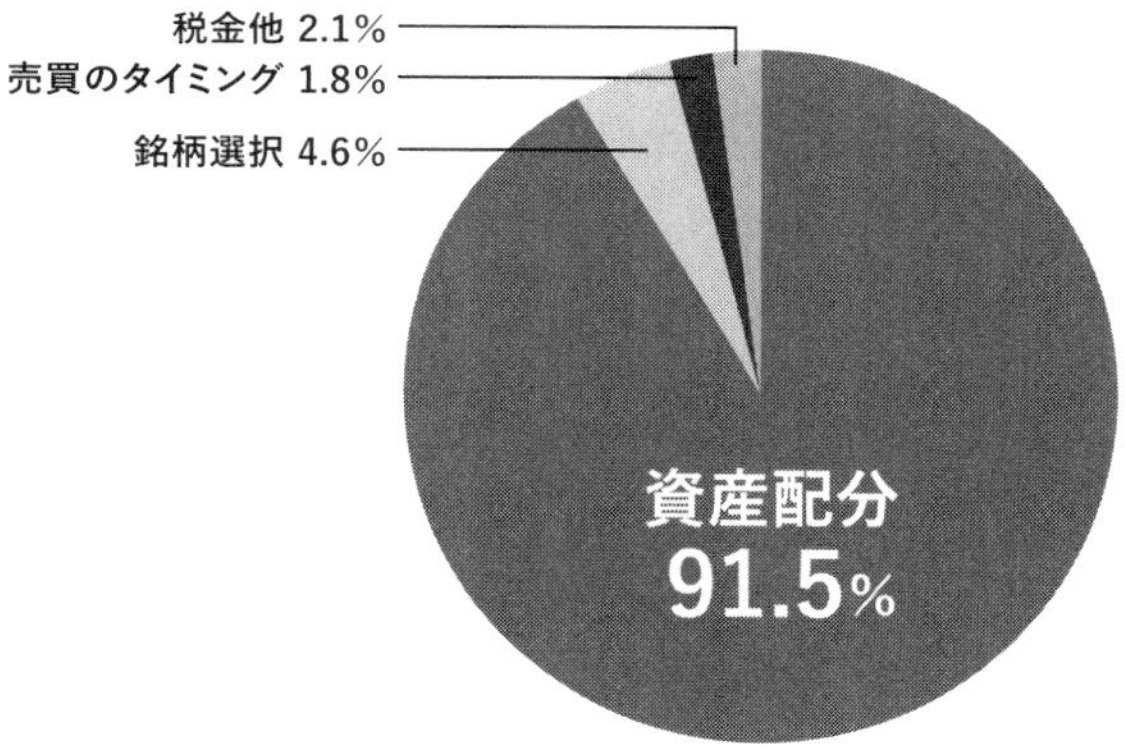

出所：Brinson, Hood & Beebower, Financial Analysts Journal, 1986 Brinson, Singer & Beebower, Financial Analysts Journal, 1991.

トアロケーションであり、図2－10に示すように、10年間の投資のパフォーマンスが決まる要因の9割強が、アセットアロケーションであるとも指摘されています。

「アセットアロケーション」とは**「資産配分」**を意味します。これは、具体的な商品を選ぶのではなく、株式、債券、不動産、現金といったカテゴリーのどの資産に、どのように配分して投資するかを決めることを指します。そして、この配分の比率が投資の成果を大きく左右するのです。

資産を分散してリスクを抑える——分散投資の罠

資産配分を考える、つまり資産を分散するというのも、資産運用でとても大事なポイントです。**「分散投資」とは、「資産のカテゴリーを一極集中させないこと」**です。例えば、トヨタ自動車は日本を代表する企業ですが、トヨタの株式に全資産をつぎ込み、万が一トヨタが経営破綻してしまえば、資産が大きな損失を被ることになります。

投資においては、「卵をひとつのカゴに盛るな」というたとえがあります。卵をひとつのカゴに入れて運ぶと、転んでカゴを落としたりすれば、卵はすべて割れてしまいます。しかし、2つのカゴに5個ずつに分けて入れておけば、片方のカゴを落としてももう片方が無事であれば、ダメージは減らせます。

リスクを回避するために資産を一極集中させないようにして、複数の日本株

図2-11　多数の投資対象に分散することが有効

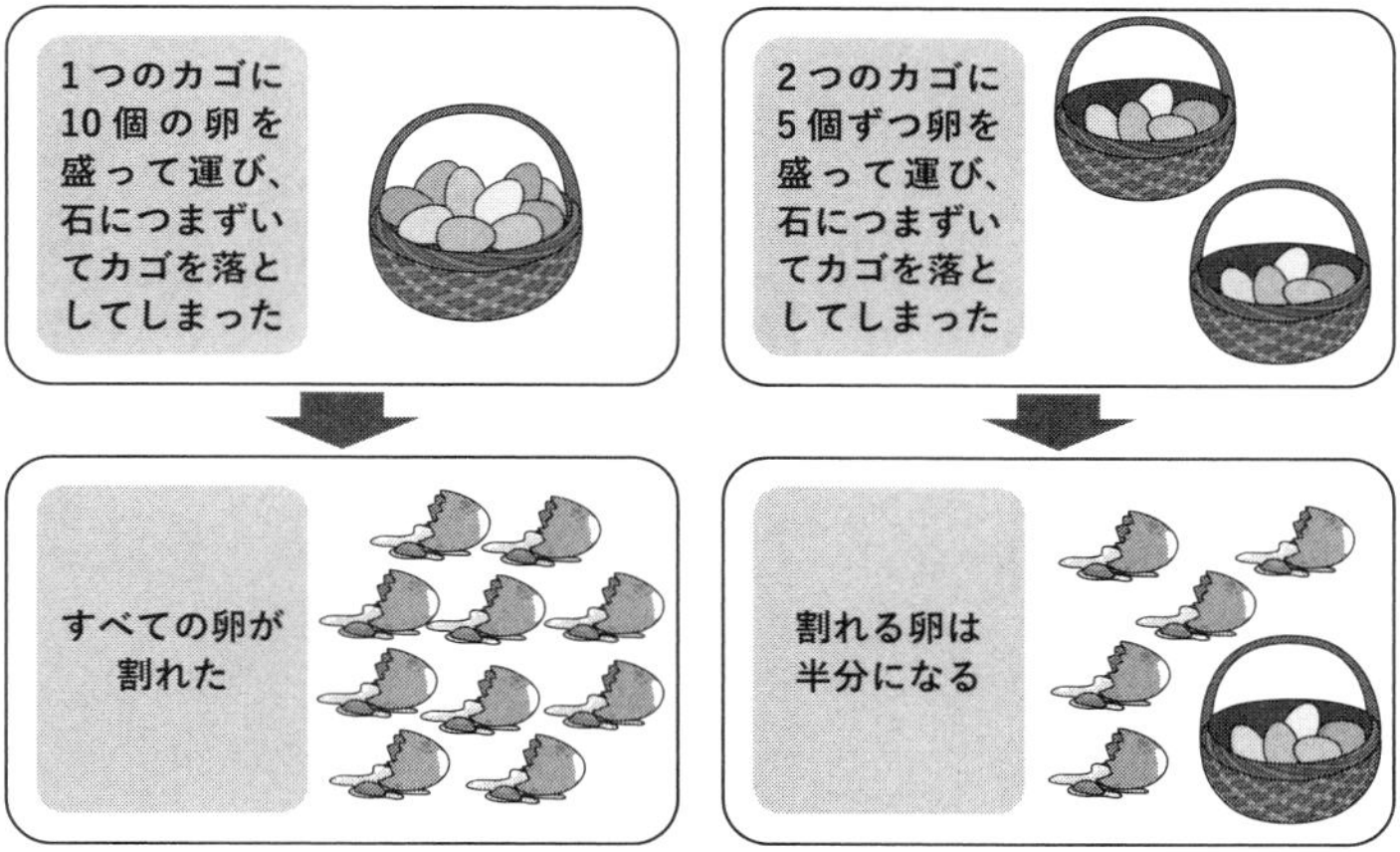
1つのカゴに10個の卵を盛って運び、石につまずいてカゴを落としてしまった
2つのカゴに5個ずつ卵を盛って運び、石につまずいてカゴを落としてしまった
すべての卵が割れた
割れる卵は半分になる

の銘柄に分散する人をよく見ます。しかしこの場合、分散投資をしているようであっても、**「株式に資産が集中している」かつ「日本に資産が集中している」という状態で、分散しているとはいえません。**

２００６年から２０１９年の間の各資産のリターンの動向を見ると、２００８年のリーマンショック時、新興国株式は約53%のマイナスリターンとなりましたが、翌年には約79%のプラスリターンと急回復を見せました。

図2-12　アセットクラスごとのリターン推移(2006年～2012年)

						新興国REIT ↑36.7%
先進国REIT ↑39.5%			新興国株式 ↑79.0%			日本REIT ↑33.6%
新興国株式 ↑32.6%			新興国REIT ↑46.4%	新興国REIT ↑36.4%		先進国REIT ↑23.4%
日本REIT ↑24.3%	新興国株式 ↑39.8%		先進国REIT ↑35.9%	日本REIT ↑26.6%		先進国債券 ↑20.4%
先進国株式 ↑22.6%	新興国REIT ↑17.1%		先進国株式 ↑34.0%	先進国REIT ↑21.4%		新興国株式 ↑18.6%
新興国債券 ↑10.5%	先進国株式 ↑11.3%		新興国債券 ↑25.9%	新興国株式 ↑19.2%	新興国債券 ↑9.2%	日本株式 ↑18.0%
先進国債券 ↑10.0%	新興国債券 ↑6.5%		先進国債券 ↑7.4%	先進国株式 ↑12.0%	先進国REIT ↑3.3.%	新興国債券 ↑18.0%
新興国REIT ↑4.1%	先進国債券 ↑4.5%		日本株式 ↑5.6%	新興国債券 ↑11.8%	日本債券 ↑2.5%	先進国株式 ↑17.4%
日本株式 ↑1.9%	日本債券 ↑3.1%	日本債券 ↑3.3%	日本債券 ↑2.0%	日本債券 ↑3.8%	先進国債券 ↑0.2%	日本債券 ↑2.2%
2006	2007	2008	2009	2010	2011	2012
日本債券 ↓0.0%	日本REIT ↓−6.1%	新興国債券 ↓−9.7%	日本REIT ↓−0.8%	日本株式 ↓−1.0%	先進国株式 ↓−4.0%	
	日本株式 ↓−12.2%	先進国債券 ↓−15.5%		先進国債券 ↓−12.7%	新興国REIT ↓−7.9%	
	先進国REIT ↓−12.3%	新興国REIT ↓−29.6%			新興国株式 ↓−18.2%	
		新興国株式 ↓−41.6%			日本株式 ↓−18.9%	
		日本株式 ↓−41.8%			日本REIT ↓−26.2%	
		先進国REIT ↓−45.9%				
		日本REIT ↓−51.8%				
		新興国株式 ↓−53.2%				

※各指数は下記を参照。日本株式：東証株式指数(TOPIX)、日本債券：NOMURA−BPI総合、日本REIT：東証REIT指数、先進国株式：MSCI-KOKUSAI指数(為替ヘッジなし)、先進国債券：FTSE世界国債インデックス(除く日本・為替ヘッジなし)、先進国REIT：S&P先進国REIT指数(除く日本・為替ヘッジなし)、新興国株式：MSCIエマージング・マーケット・インデックス(為替ヘッジなし)、新興国債券：J.P.モルガン・エマージング・マーケット・ボンド・インデックス・プラス(為替ヘッジなし)、新興国REIT：S&PエマージングREIT指数(為替ヘッジなし)、分散投資：先進国株式・先進国債券・日本株式・日本債券を4分の1ずつ保有した場合。

図2-13　アセットクラスごとのリターン推移（2013〜2019年）

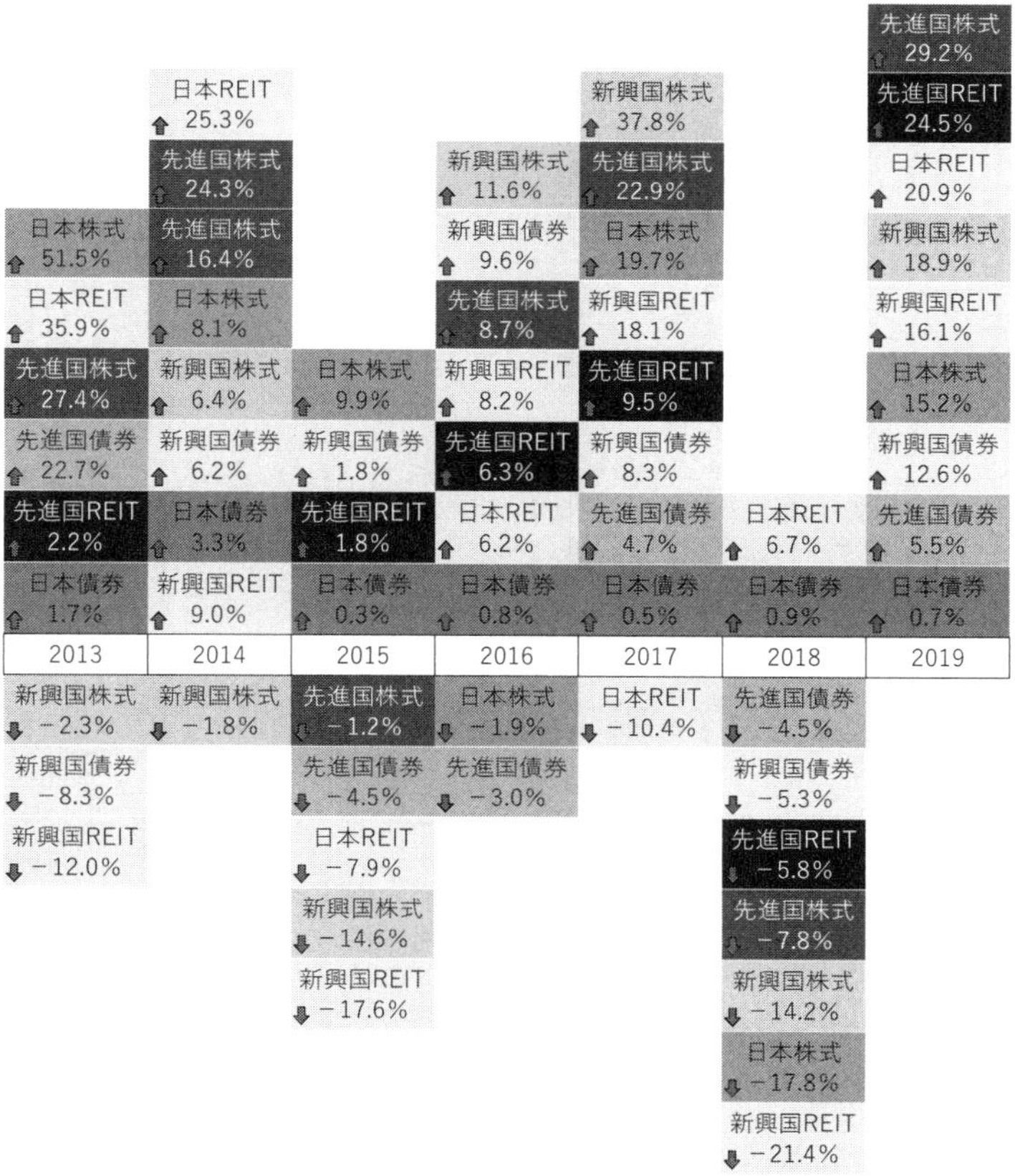

2013	2014	2015	2016	2017	2018	2019
						先進国株式 29.2%
	日本REIT 25.3%			新興国株式 37.8%		先進国REIT 24.5%
	先進国株式 24.3%		新興国株式 11.6%	先進国株式 22.9%		日本REIT 20.9%
日本株式 51.5%	先進国株式 16.4%		新興国債券 9.6%	日本株式 19.7%		新興国株式 18.9%
日本REIT 35.9%	日本株式 8.1%		先進国株式 8.7%	新興国REIT 18.1%		新興国REIT 16.1%
先進国株式 27.4%	新興国株式 6.4%	日本株式 9.9%	新興国REIT 8.2%	日本REIT 9.5%		日本株式 15.2%
先進国債券 22.7%	新興国債券 6.2%	新興国債券 1.8%	先進国REIT 6.3%	新興国債券 8.3%		新興国債券 12.6%
先進国REIT 2.2%	日本債券 3.3%	先進国REIT 1.8%	日本REIT 6.2%	先進国債券 4.7%	日本REIT 6.7%	先進国債券 5.5%
日本債券 1.7%	新興国REIT 9.0%	日本債券 0.3%	日本債券 0.8%	日本債券 0.5%	日本債券 0.9%	日本債券 0.7%
2013	**2014**	**2015**	**2016**	**2017**	**2018**	**2019**
新興国株式 −2.3%	新興国株式 −1.8%	先進国株式 −1.2%	日本株式 −1.9%	日本REIT −10.4%	先進国債券 −4.5%	
新興国債券 −8.3%		先進国債券 −4.5%	先進国債券 −3.0%		新興国債券 −5.3%	
新興国REIT −12.0%		日本REIT −7.9%			先進国REIT −5.8%	
		新興国株式 −14.6%			先進国株式 −7.8%	
		新興国REIT −17.6%			新興国株式 −14.2%	
					日本株式 −17.8%	
					新興国REIT −21.4%	

※各指数は下記を参照。日本株式：東証株式指数（TOPIX）、日本債券：NOMURA−BPI総合、日本REIT：東証REIT指数、先進国株式：MSCI-KOKUSAI指数（為替ヘッジなし）、先進国債券：FTSE世界国債インデックス（除く日本・為替ヘッジなし）、先進国REIT：S&P先進国REIT指数（除く日本・為替ヘッジなし）、新興国株式：MSCIエマージング・マーケット・インデックス（為替ヘッジなし）、新興国債券：J.P.モルガン・エマージング・マーケット・ボンド・インデックス・プラス（為替ヘッジなし）、新興国REIT：S&PエマージングREIT指数（為替ヘッジなし）、分散投資：先進国株式・先進国債券・日本株式・日本債券を4分の1ずつ保有した場合。

このように、各資産のリターンは年によって大きく変動するため、**どの資産が最も良いリターンをもたらすかを予測し続けるのは相当に困難**です。そのため、**特定の資産を追い求めるのではなく、資産を適切に分散して持つことが重要**です。損失を抑えながら成長に期待するには、やはり分散投資が鉄則なのです。

具体的な例として、株式のみへの投資と、株式と債券の両方への投資を行った場合、リターンにどのような違いが現れるのかを考察しましょう。図2－14を参照すると、リーマンショックの影響を受けた2年間、株式のみへの投資を行った場合、損失が著しく拡大しています。大きな市場の下落後、1年が経過しても、資産は依然としてマイナスの状態を示しています。しかし、株式と債券の両方に分散して投資した場合、リーマンショックによる損失は前述の半分以下にとどまり、翌年には再びプラスの領域に戻っています。

これらのデータから、単に株式だけに投資するのではなく、債券を組み込み、さらに国内だけでなく海外へも資産を分散させることで、損失のリスクを最小限に抑えることができるという、分散投資の真の価値がうかがえます。

図2-14　マーケットショック時のパフォーマンスシミュレーション（2007年9月28日〜2010年10月11日）

株式だけで運用した場合（全世界株式に投資）

債券を含む運用をした場合（全世界株式 5 割：投資適格債券 5 割）

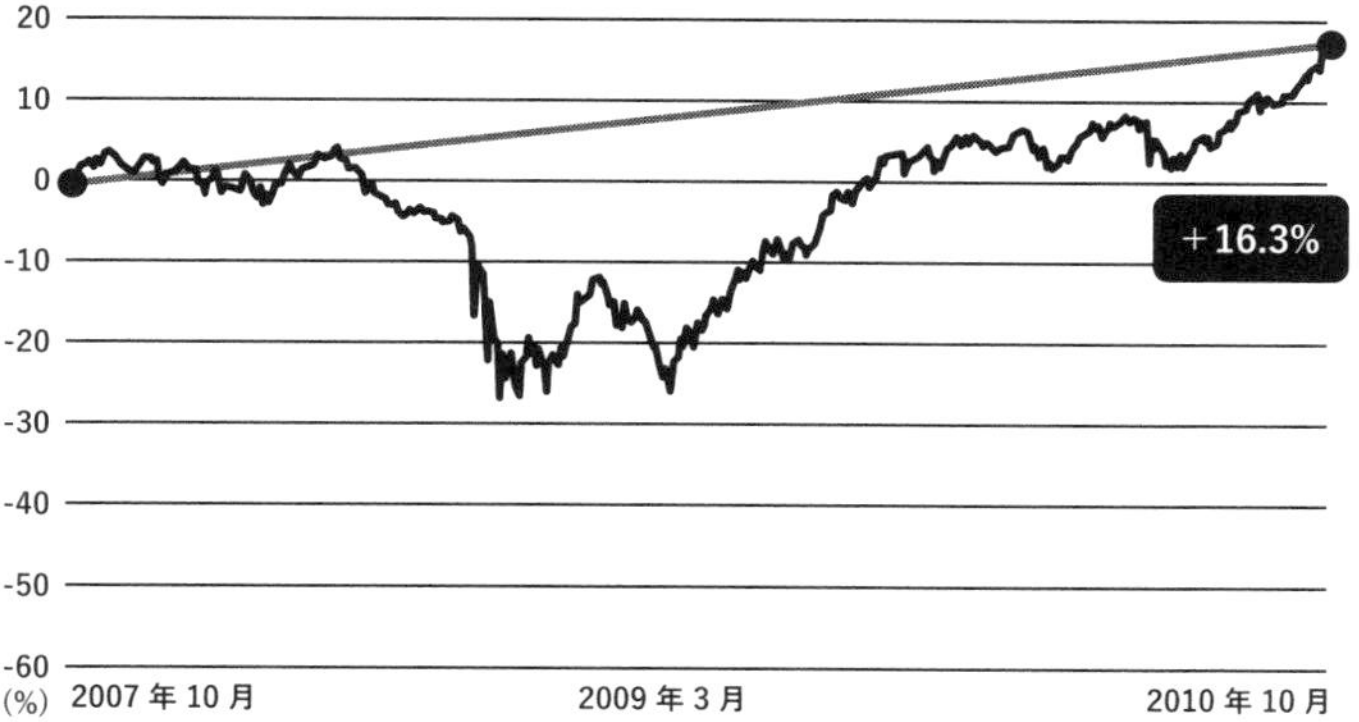

出所：Bloomberg より当社作成

分散投資の基盤となる「コア・サテライト戦略」とは？

それでは、どのように資産を分散すればよいのでしょうか。先ほどの例は株式と債券を50%ずつにしたケースでしたが、ここでお勧めしたいのが、**「コア・サテライト戦略」**です。

これは、**中長期的に安定した運用ができる守りの資産を「コア＝中心」として保有し、一部リターンを追求するための攻めの資産を「サテライト」として保有する戦略**です。

サテライトに適した資産は、株式の個別銘柄や新興国の通貨など、短期的に利益を得ることのできる投資対象です。

一方、**コア資産をしっかり固めておくことが前提**となります。コアに適した資産は、外貨建ての債券や、値動きが比較的小さく安定した資産成長が長期で期待できる投資信託などが挙げられます。

債券は、資金調達をしたい国や企業（発行体）が発行します。国が発行する債券を「国債」、企業が発行する債券を「社債」と呼びます。

投資家は、債券を買うことで国や企業にお金を貸している状態となり、その見返りとして利金を受け取ります。つまり債券の保有期間中は、毎年利金を受け取れるため、安定したリターンを得ることができるのがメリットです。また、債券は償還日が決まっていて、投資したお金は償還日に戻ってきます。つまり、受け取れる利金の利率と償還日が購入前に確定しているため、資産運用の計画が立てやすいのもメリットのひとつです。

しかし、債券にもリスクが伴います。償還日を迎える前に債券を発行した国や企業が破綻してしまうと、貸したお金が返ってこなくなる可能性があります。**どこが発行した債券を買うか、言い換えると、誰にお金を貸すかがポイント**です。

図2-15　コア・サテライト戦略とは？

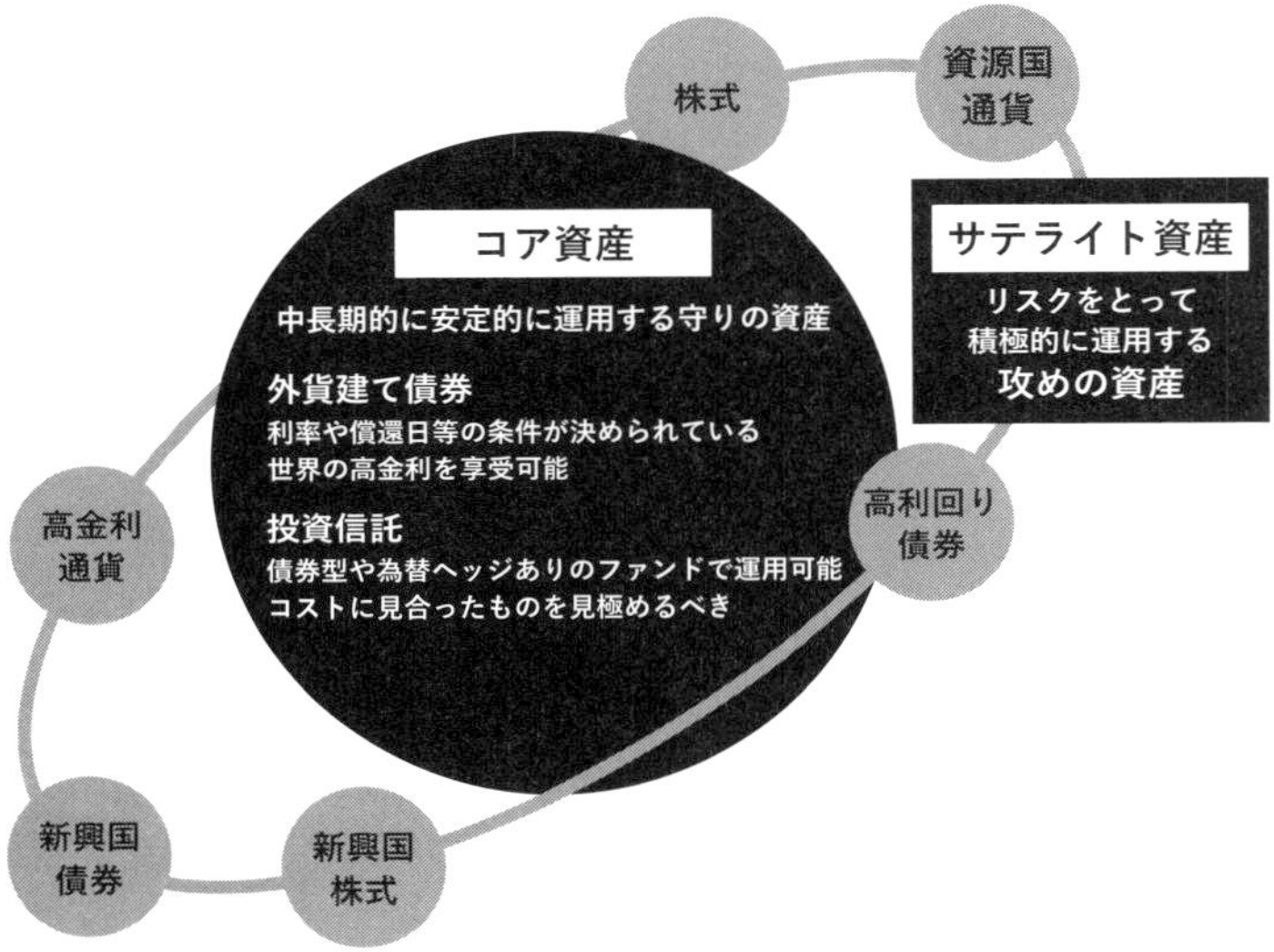

王道の投資戦略として用いられる
コアサテライト戦略とは、運用資産をコア（守りの資産）と
サテライト（攻めの資産）に分け、リスクをヘッジしつつも、
運用効率を引き上げる投資戦略

債券の選び方には、発行体の信用度を確認することが欠かせません。国や企業、その他の発行体によって、信用度は大きく異なります。例えば、先進国の国債は新興国のものよりも高い信用度を持つことが一般的です。それに伴い、信用度の高い債券は利金の利率が低めに設定されることが多いです。

「債券」とひとくくりに語られることも多いですが、実際にはさまざまなリスクやリターンの特徴を持っています。そのため、投資の際は、格付け機関であるS&Pやムーディーズなどの情報を参照し、信用度をしっかりと確認することが大切です。

図2-16　債券の種類

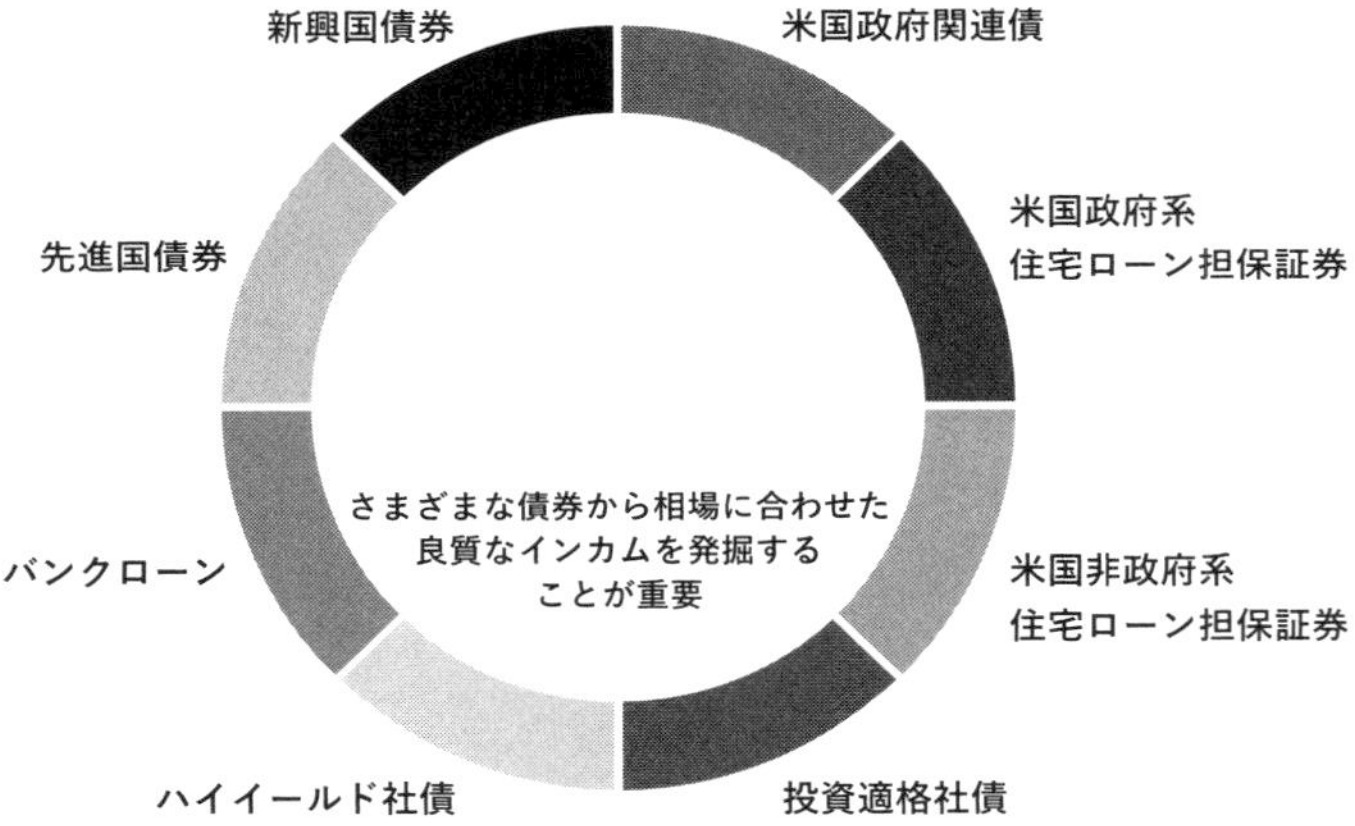

図2-17　債券のリスクリターン

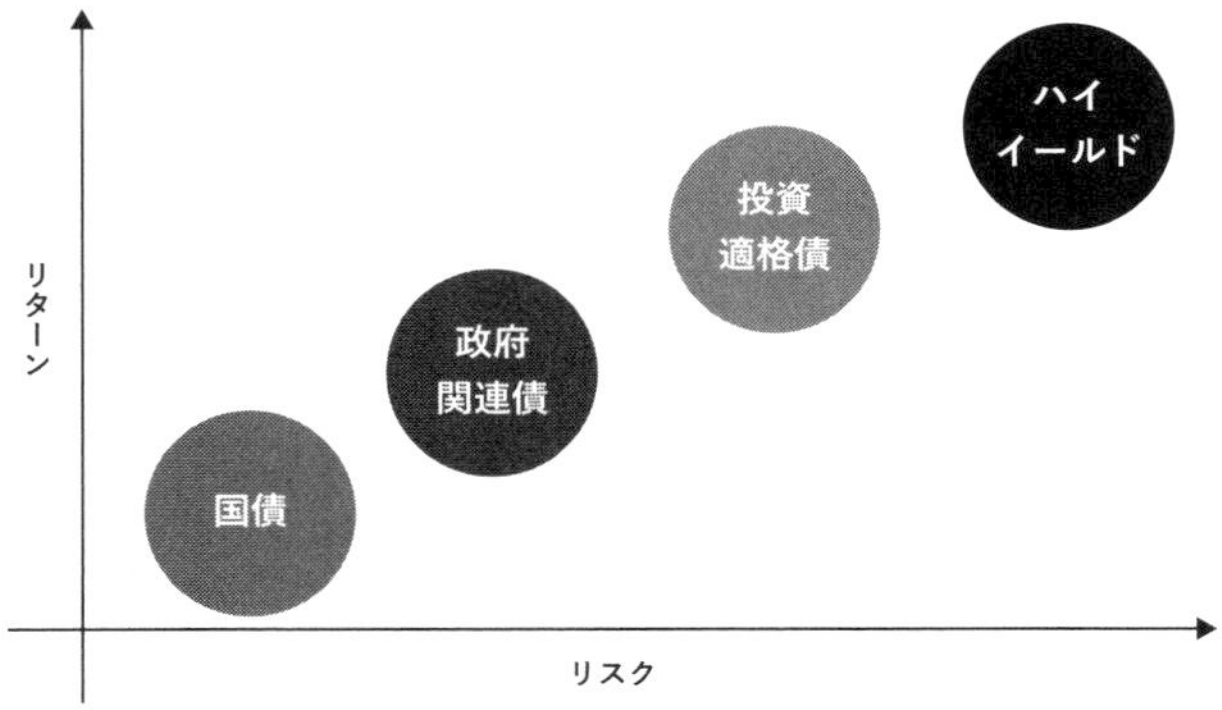

コストの低い商品を選択する

老後の資産運用を考えるうえで、見逃してはならないのが **「コスト」** です。

特に、投資信託を選ぶ際は、購入時の **「購入手数料」** と、保有期間中の **「信託報酬」** を確認することが必要です。例えば、日本とアメリカの投資信託を比べてみると、日本のコストは驚くほど高いことがわかります。そして、このコストが運用成績に直接影響を与えるのです。

実際に金融庁が2017年、「家計の安定的な資産形成に関する有識者会議」で発表した内容によれば、「日本の国内株式へ投資するアクティブ運用投信の信託報酬とリターンを見ると、信託報酬の高いものは、リターンのバラツキが大きい（リターンが高かったものもあるが、マイナスであったものの割合も高

図2-18　日米の投資信託のコスト比較

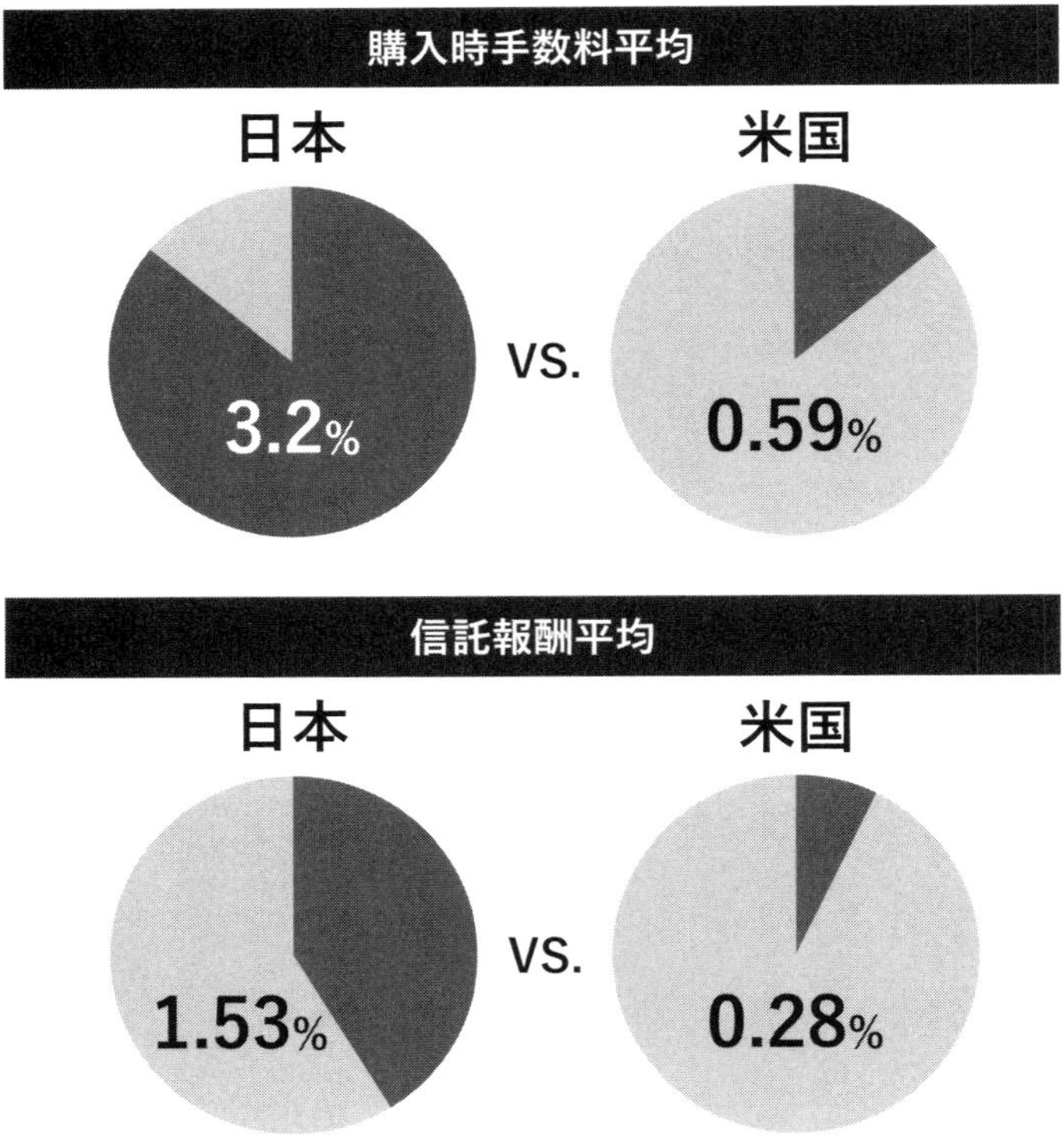

販売手数料	信託報酬(年率)
平均(税抜き)	
3.20%	1.53%
0.59%	0.28%

出所：金融庁「家計の安定的な資産形成に関する有識者会議」(2017年)をもとに作成

くなる)」と指摘されています。

運用を考えるとき、よく注目されるのはリターンですが、コストもそのリターンを左右する大きな要因となります。

年間3％のリターンが得られる資産を1000万円分購入し、20年間運用したとしましょう。このとき、運用コストが年1％の場合と年2・5％の場合では、20年後の資産には381万円もの差が生じるのです。このように、コストの差によって、リターンが大きく変わることがよくわかります。

図2-19　コストが運用成果に与える機会損失

年間３％のリターンを出す資産を 1,000 万円購入したとしても……

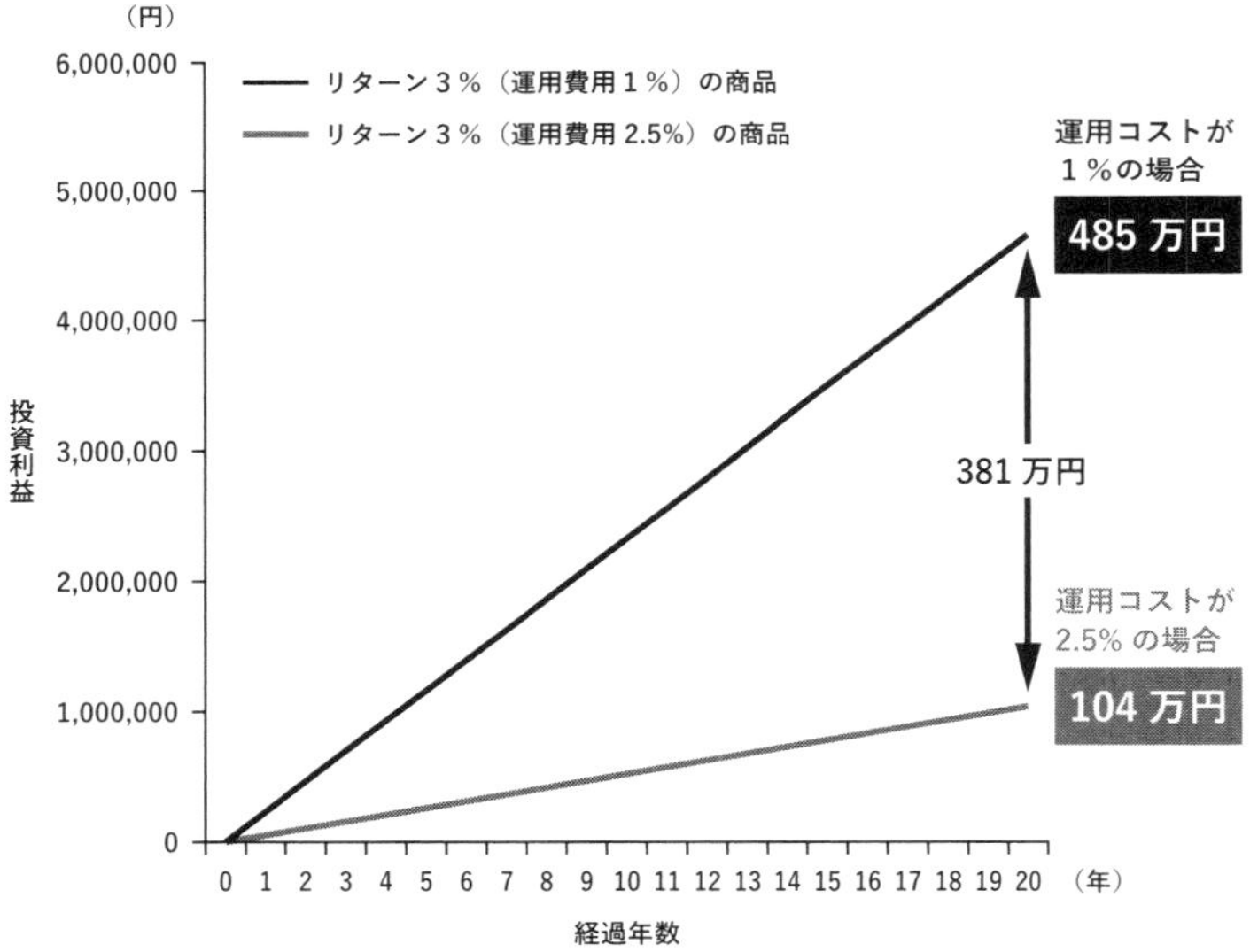

出所：当社が行った複利計算（元利合計）シミュレーションより作成

積立投資のメリットとは？

もうひとつ欠かせないのが、**積立投資**です。これは先の3つに加えて、投資のセオリーのひとつです。

図2－20はひとつの例ですが、毎月1万円ずつ投資をしたとします。投資対象は、図の上部に表した株です。株価は上下しますから、1か月目には1000円、2か月目には1500円、3か月目に500円、4か月目に1000円に戻ると仮定しています。

すると、1か月目には10株、2か月目には6・7株、3か月目には20株と、買える株数も上下します。これが積立投資で、**値段が変わるものに対して、同じ金額を買い続けるという方法**です。図2－20では、4か月後には4万円で合

図2-20　積立投資の効果とは？

株価の動き		1,000 円	1,500 円	500 円	1,000 円	合計	平均購入価格
定額購入法の場合	購入株数	10 株	6.7 株	20 株	10 株	46.7 株	1 株あたり
	購入額	10,000 円	10,000 円	10,000 円	10,000 円	40,000 円	856.5 円
定量購入法の場合	購入株数	10 株	10 株	10 株	10 株	40 株	1 株あたり
	購入額	10,000 円	15,000 円	5,000 円	10,000 円	40,000 円	1,000 円

計46・7株購入できたことになり、1株あたりの平均購入価格は856・5円です。

一方で、最初に40000円分を購入していたらどうなるか。すると40株しか買えず、1株あたりの購入価格は1000円です。つまり**積立投資では、最初に一括で買うよりも6・7株多く購入でき、平均購入価格は15%も安く抑えられた**ことになります。

毎月の「決まった額」をいくらに設定するのかはそれぞれの状況によって異なりますが、**無理のない範囲で毎月積立投資を長期で続けることをお勧め**

します。

株価が下がると、精神的に不安になるものです。しかし積立投資では株価が下がっても同じ額を購入し続けることが重要で、下がったら株をたくさん買えるわけですから、むしろラッキーといえます。その意味で**積立投資は、精神的にも安定した状態で投資を続けることができます。**

図2－21の実線は、実際にアメリカのS＆P500指数を毎月末に1万円ずつ買い続けた場合の推移です。点線は、1万円を銀行預金に入れ続けた場合です。株価は変動しますが、最終的には大きな差が生まれていることがわかります。

図2-21　積立投資の効果は?

毎月月末に100ドル（約1万円）、S&P500指数を買い付けした場合の評価額

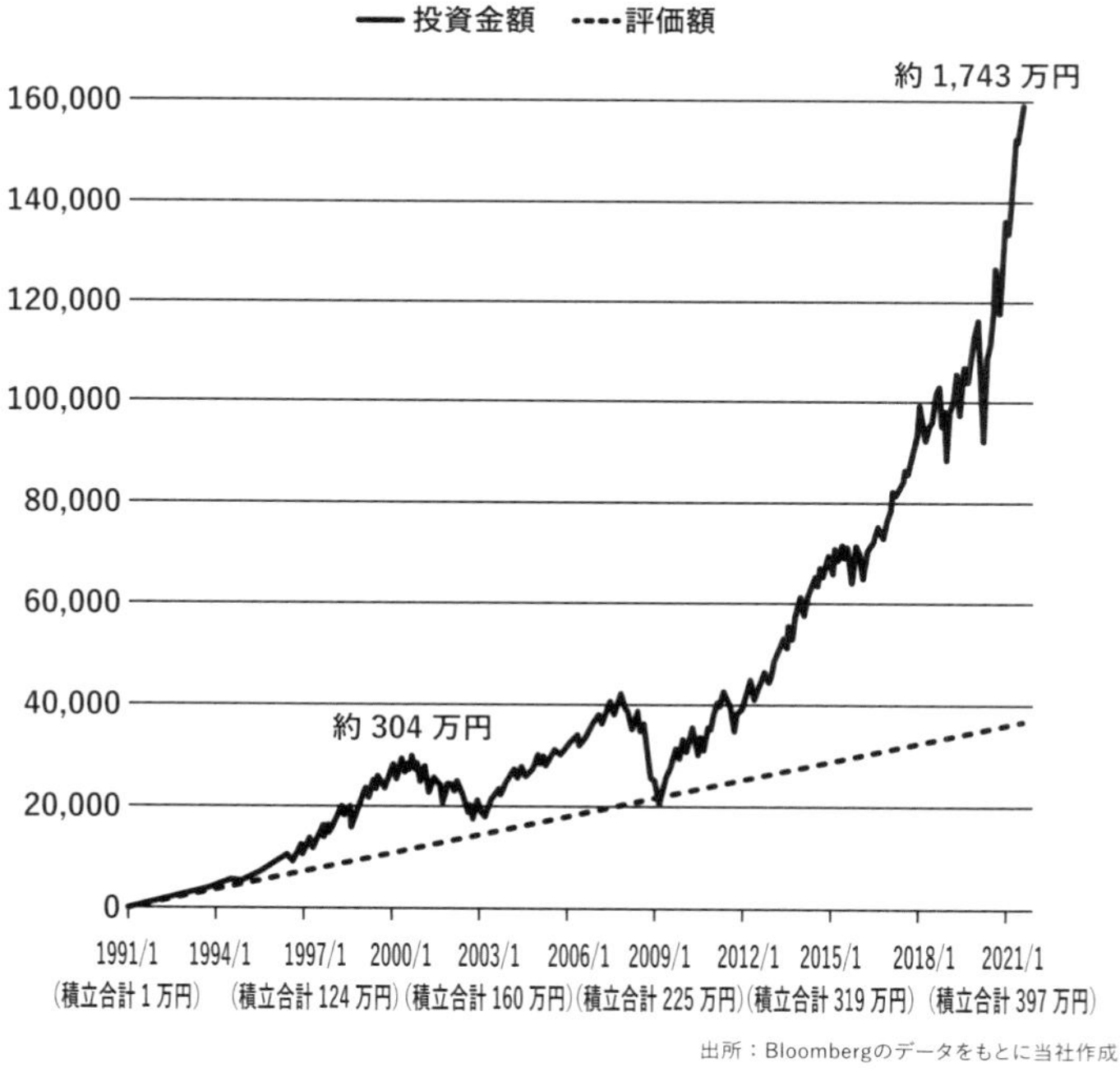

出所：Bloombergのデータをもとに当社作成

退職金の種類は？

50代以上の人にとって資産運用で大きな武器となるのが、退職金です。

投資信託協会の調査によると、退職金の使い道の中で資産運用が上位に位置しています。また、退職金で購入した金融商品を見ると、第1位に株式、第2位に投資信託が位置しています。

これらのデータから、退職金の一部を資産運用に活用し、特に株式や投資信託へ投資することで将来の安定した資産形成を目指す方がいることがわかります。

退職金は老後の安定した資産形成の大きな手助けとなるのですが、退職金を受け取る前に、**退職金制度と退職金の受け取り方を理解することが重要**です。

図2-22　退職金の実態は?

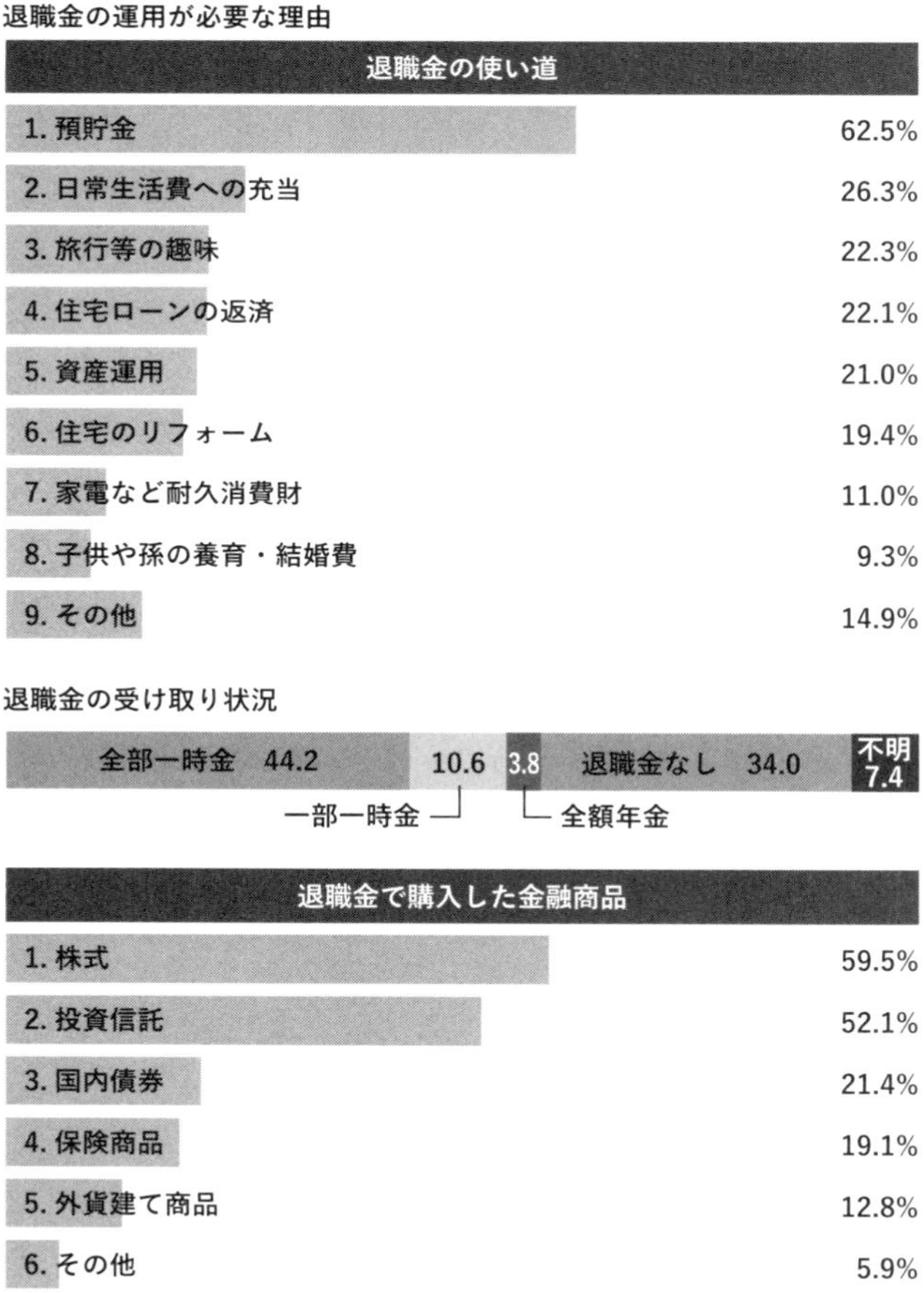

出所：投資信託協会「60歳代以上の投資信託等に関するアンケート調査 報告書」をもとに作成

退職金制度は、企業によって異なります。一時金のみの企業もありますが、最近では退職金制度の一部として企業年金と併用する企業が増えています。経団連の調査によると、一時金と企業年金を併用する企業が72・1％を占めています。

企業年金とは、**退職一時金とは別に、従業員の退職後の生活を保証するために企業が原資を拠出して支給する年金**のことを指します。また、企業年金には、DC（確定拠出型年金）やDB（確定給付型年金）などがあります。

DCとは、拠出された掛け金と運用収益の合計額をもとに、将来の給付額が決定する制度です。

DCには、**企業型確定拠出年金、選択性確定拠出年金、中小企業退職金共済制度**などがあります。**受け取り方は①一時金、②年金、③一時金と年金の併用、の3つの中から選択が可能**で、企業型DC制度は加入者自身の運用判断が影響するため、運用の成果次第でリターンが変わる可能性があります。

図2-23　企業年金とは?

退職一時金とは別に、従業員の退職後の生活を保障するため、企業が原資を拠出し支給する年金を指す

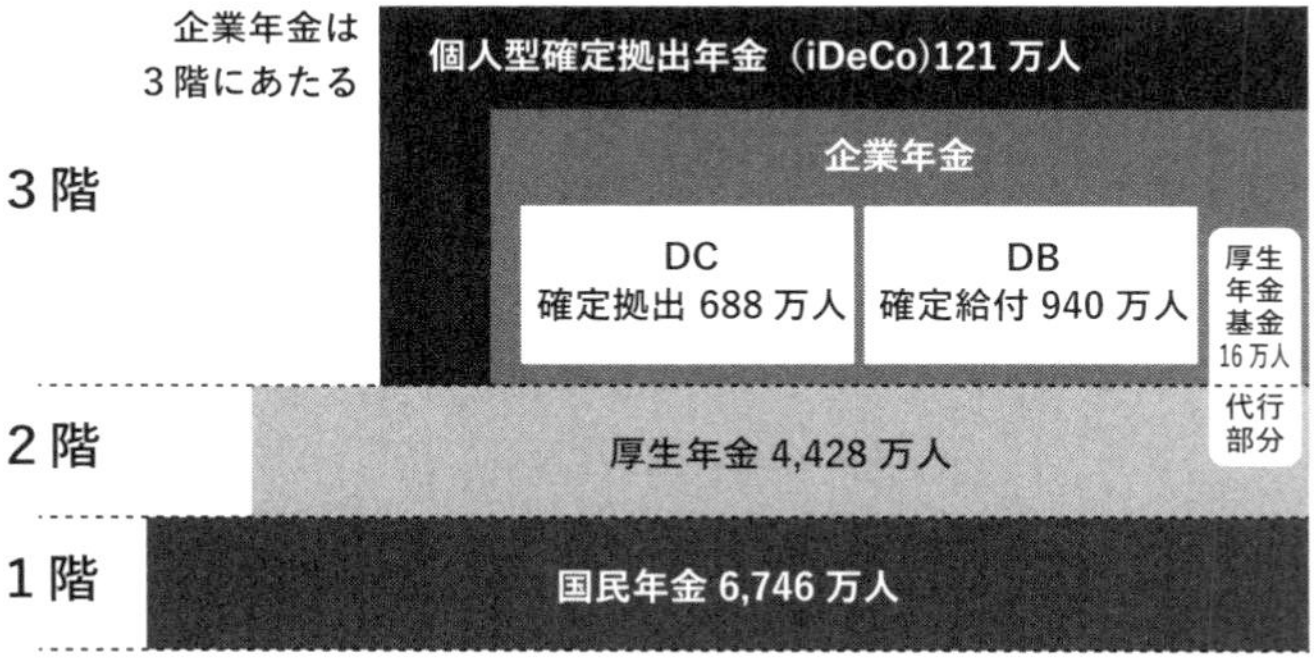

出所：ジャパン・ペンション・ナビゲーター株式会社HP・「退職給付制度概要日本経済新聞「退職金の基本」・ケイゾンマネーHP「退職一時金と企業年金の違い」「知るぽると(金融広報中央委員会)」をもとに当社作成

対照的にDBは、事前に設定された計算式に基づいて給付額が決定されます。

DBは、**確定給付企業年金**と**厚生年金基金**の2つに分かれます。受け取れる年金額は最初から決まっていて、運用も企業が行います。政府の発表した「令和3年度年次報告書」によれば、企業年金制度がある企業において、企業年金の種類別の採用割合は確定給付企業年金が58・1%と最も高く、多くの企業がDBを採用していることがわかります。まずはご自身の勤務先の制度の確認をお勧めします。

図2-24　確定拠出型制度と確定給付型制度の違い

確定**拠出**型制度（**DC**型制度）

拠出された掛金とその運用収益との合計額を
もとに将来の給付額が決定する制度

企業型
確定拠出年金
（企業型DC）

選択制確定拠出年金
（選択制DC）

中小企業
退職金共済制度

確定**給付**型制度（**DB**型制度）

あらかじめ確定させた内容に基づいた給付を
将来受けることができる制度

確定給付
企業年金
（DB）

厚生年金基金

出所：オリックスHP「企業年金概要」・知るぽると（金融広報中央委員会）「企業年金詳細」をもとに作成

退職金は受け取り方法で税金が変わる

退職金は、**受け取り方によって受け取れる金額が異なります。**例えば、「一時金」と「一時金＋年金」で受け取るのでは、どちらが有利なのでしょうか。ここで、大卒で大企業に就職し、38年間勤務したAさんのケースで考えてみましょう。

退職金は、受け取り方によって対象となる税金も変わります。一時金で受け取る場合は「退職所得」として課税されますが、年金として受け取る場合は「雑所得」の扱いになります。

退職所得の場合は、他の所得とは合算されず単独で税金を計算します。雑所得の場合は、他の所得と合算して税金を計算するので、年金以外に収入がある場合は税金の額が重くなる可能性がありますし、社会保険料にも影響します。

退職金を一時金として受け取る場合は、退職所得控除が適用されます。受け取った退職金から退職所得控除を差し引き、その金額を2分の1にした金額が課税の対象となります。そして、勤続年数が長ければ長いほど、この控除額も増加します。

退職金を一時金で受給した場合で計算すると、退職金の金額が2511万円であるのに対し、所得税が12万円かかるため、税引き後の手取り額は2498万円となります。

一方で、一時金2000万円+年金で受け取る場合、2000万円の一時金は退職所得控除の範囲内なので、所得税はかかりません。年金部分からは7・675%の所得税が源泉徴収されます。その結果、2688万円の退職金から税を引いた手取り額は、約2635万円となります。

こうして比較してみると、**一時金+年金で受け取ったほうが手取り額は多くなる**ことがわかります。

図2-25　退職金を一時金で受給した場合

一時金の場合

一時金の所得控除額

（20年以下の部分）　（20年超の部分）
800万円＋70万円×（38年－20年）＝2,060万円

退職所得（課税部分）

（退職金2,511万円－控除額2,060万円）×1/2＝225万円

所得税（分離課税）

225万円×10％－97,500円＝13万円

※住民税は考慮せず

退職金受取額（手取り）

2,511万円－13万円＝2,498万円

所得税の速算表

課税される所得金額	税率	控除額
1,000円から1,949,000円まで	5％	0円
1,950,000円から3,299,000円まで	10％	97,500円
3,300,000円から6,949,000円まで	20％	427,500円
6,950,000円から8,999,000円まで	23％	636,000円
9,000,000円から17,999,000円まで	33％	1,536,000円
18,000,000円から39,999,000円まで	40％	2,796,000円
40,000,000円以上	45％	4,796,000円

一時金の場合		
	退職金	2,511万円
	手取り	2,498万円

図2-26　退職金を一時金+年金で受け取った場合

一時金（2,000万円）＋年金の場合

一時金の非課税額

800万円＋70万円×（38年－20年）＝2,060万円

一時金が2,000万円のため、全額非課税枠内

年金受け取り総額

退職金2,688万円－一時金2,000万円＝688万円

年金受け取り時の源泉徴収額合計

688万円×7.6575%=53万円

※公的年金等控除額、住民税は考慮せず

退職金受取額（手取り）

2,000万円＋（688万円－53万円）＝2,635万円

企業型確定拠出年金制度（企業型DC）、
確定給付企業年金（DB）にかかる税金について

1）企業年金を年金で受け取る場合は**「公的年金等に係る雑所得」として課税対象**となり、年金の支払い毎に所得税を源泉徴収し、税引後の金額を支払う

2）源泉徴収税率は、金額の多少にかかわらず、**一律7.6575%（基準所得税＋復興特別所得税）**

一時金（2,000万円）＋年金の場合		
	退職金	2,688万円
	手取り	2,635万円

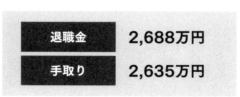

図2-27　退職金の受け取り方法による比較

受取方法	税金の取扱い	ポイント
一時金受取	退職所得 （退職所得控除の対象）	・受給すれば金融資産となり、自分で管理できる。 ・他の所得とは合算せず、単独で税金を計算する。
年金受取	雑所得 （公的年金等控除の対象）	・安定的に一定額が受け取れる。 ・毎年他の所得と合算されるため、税金や社会保険料に影響することがある。

出所：国税庁HPより当社作成

ただし、年金受け取りの場合は雑所得となるので、年金収入が公的年金控除額を超えた場合は他の所得と合算され、総合課税となります。60歳以降も働く予定の場合や他に所得がある場合は、所得税や住民税、社会保険料、国民健康保険税等の負担が増える可能性があります。

勤め先がどんな制度なのかを早めにシミュレーションし、最も有利な受け取り方を事前に考えておくことが大切です。

退職金運用、どんな金融商品を選ぶべきか？

一般的に、退職金の運用で利用される金融商品には株式、投資信託、ファンドラップ、変額保険などが挙げられます。実際に退職金を受け取るときには銀行口座を利用するケースが多く、銀行からそうした金融商品の勧誘を受けることが一般的です。

これらの金融商品は必ずしも悪い選択ではありませんが、安定的な運用を目指し資産寿命を延ばしたいのであれば、ベストな選択とは限りません。

例として、投資信託協会の調査によれば、退職金を用いて最も購入される株式は、価格のブレが大きく、リスクが高いという特徴があります。続く投資信託は、リスクが低いものから高いものまで揃っていますが、購入時の手数料や

図2-28　退職金の運用に利用される金融商品の特徴とリスク

	株式	投資信託	ファンドラップ
リスク	高（振れ幅が大きい）	低～高（ニーズに合わせた運用が可能）	低～高（ニーズに合わせた運用が可能）
コスト	売買手数料のみ ※大手証券会社で購入の場合は約1％の手数料がかかるため注意	売買手数料（3％前後）＋信託報酬（1～2％前後） ※ネット証券で購入の場合、売買手数料がかからないことが多い	売買手数料なし＋管理コスト（合計2~3%） ※購入時に手数料がかかる場合もある
特徴	株主優待・配当	分配金・分散投資	投資一任運用・中見は投信がほとんど

出所：当社調べ

信託報酬などのコストが高い商品があり、それはファンドラップに関しても同様です。

また、大手金融機関では単月でノルマが設定されているため、月末になるとノルマ達成が優先され、提案の質が低下しやすくなる傾向があります。その結果、お客さまの利益よりも証券会社や銀行に貢献することが優先されるようなケースが散見されます。

投資信託で警戒すべき3つのポイント

ここで、退職金の運用に多く利用されている投資信託とファンドラップについて、もう少し詳しく見ていきましょう。

投資信託を選定する際には、次の3つのポイントを押さえておきましょう。

①手数料の落とし穴
②テーマ型投信の問題点
③毎月分配型の誤解

①手数料の落とし穴

85ページでお話ししたように、日本の投資信託の手数料が高いことは金融先進国であるアメリカと比較すると一目瞭然で、約5倍もの差があります。

なかでも信託報酬は保有期間中、管理手数料として継続して取られるものですから、仮に信託報酬が1・5％で10年保有すると、最終的には資産の約15％を手数料として取られてしまうことになります。

②テーマ型投信の問題点

少し前には、投資信託の売れ筋ランキングの上位をロボット関連やESG関連などが占めていました。人気を博したテーマ型投資信託ですが、すでに注目されているテーマに基づいて作られることが多く、適切なタイミングでの購入が難しいことに注意する必要があります。

例えば、2012年や2013年の金融マーケットでは、AIが話題になっていました。しかし、投資信託として商品化されたのは2018年頃のことでした。つまり、5年ほどのギャップが生じているわけです。

このように、テーマ型の投資信託はいいタイミングでは買えないケースが多く、買ってもなかなかパフォーマンスが上がらないという例も多いのです。

図2-29　テーマ型投信の問題点とは?

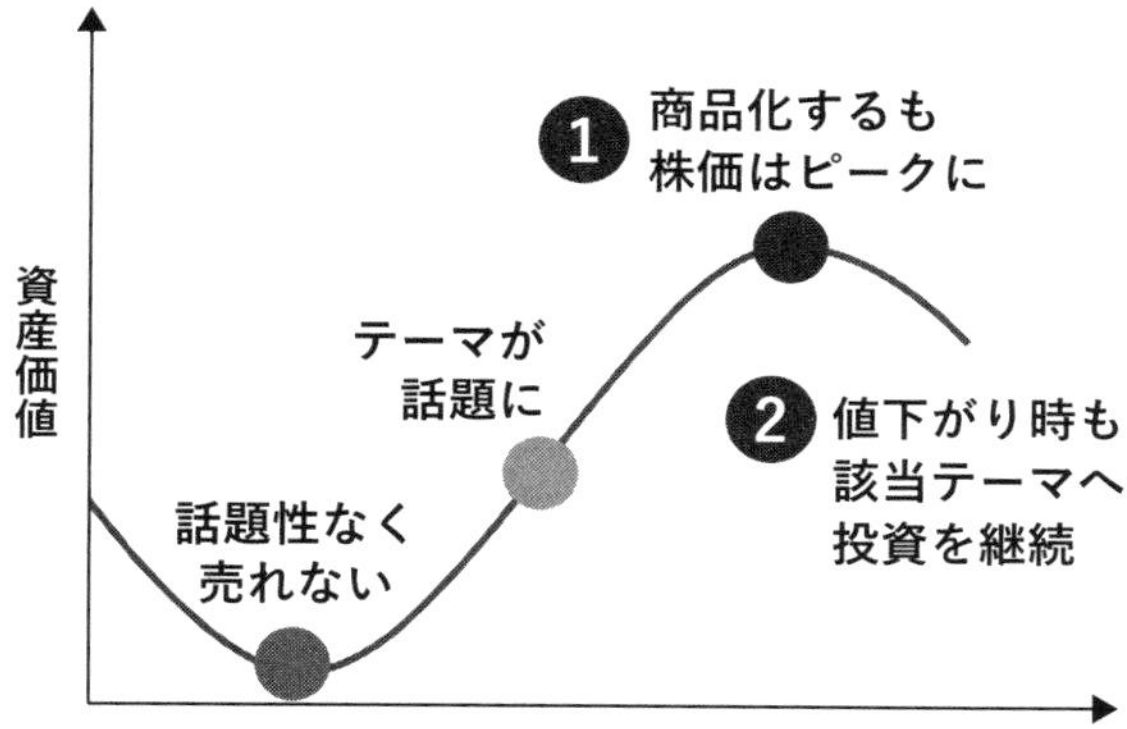

① 新規設定時にはすでに株価のピークを迎えている可能性があり、その後の値上がりは期待できないケースが多い

② 相場が下がる局面でもそのテーマへの投資を継続しなければならなくなる

図2-30　毎月分配型の誤解とは？

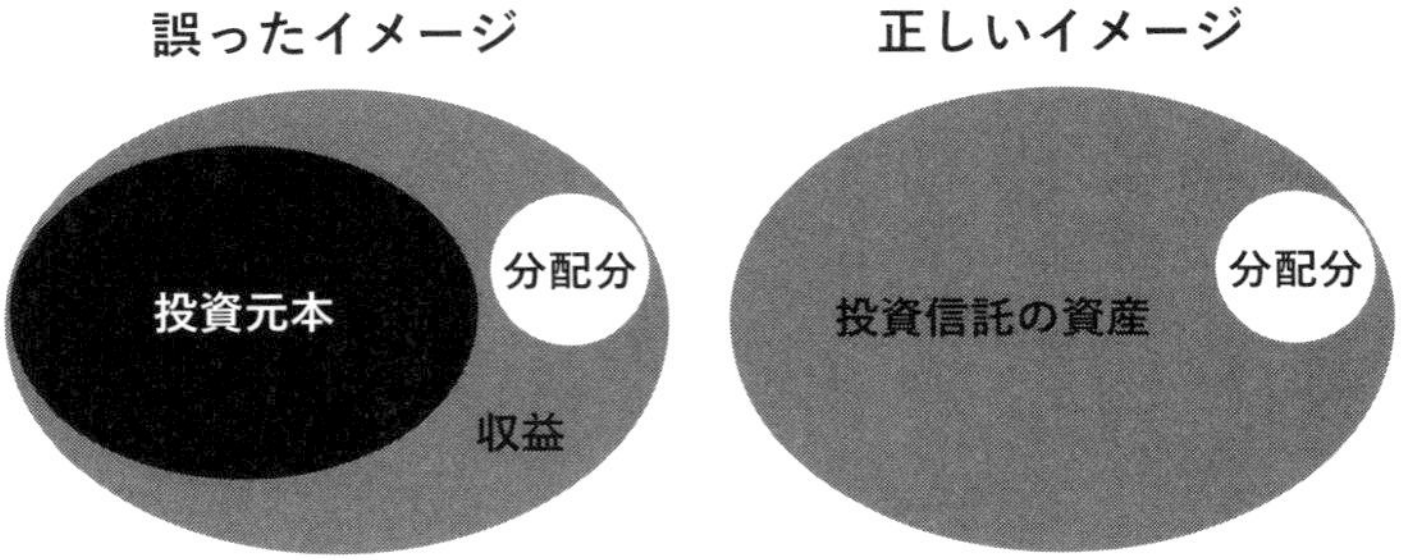

毎月分配型の投資信託では収益にかかわらず、分配金が払い出されるため、効率的に運用できないケースが多い

③毎月分配型の誤解

毎月分配型は、今から約15年前ほど前に流行った商品で、「元本が増えていても減っていても、毎月決まった金額をお客さまに払い出す」という商品です。「毎月分配される」という点に魅力を感じる人は多いのですが、実は元本を取り崩して分配金を払い出しているにすぎません。

ＱＵＩＣＫ資産運用研究所（２０１８年７月）の調査によると、毎月分配型投信の９割が元本を取り崩して分配金を払い出されていると報告していいます。その状態が続けば、最終的に元本割れする危険性が高まります。さらに、分配金を毎月払い出してしまうと、長期的な資産運用に有効な複利運用ができなくなるため、運用効率が高い商品とはいえません。

ファンドラップのコストには要注意

ファンドラップとは、投資家が金融機関に資産の運用を全面的に委ねる契約を指します。このサービスは、自動的にリバランス（資産の再配分）とリアロケーション（配分比率の変更）を行うことから「おまかせ運用」として知られ、特に運用の初心者には魅力的に映るかと思います。

しかし、ファンドラップの背後には高い管理コストが潜んでいる場合があるため、注意が必要です。実際、多数の金融機関が、管理コストを2％以上に設定しているのが現状ですので、パフォーマンスはますます上がりにくくなります。

流動性が低いのもデメリットのひとつです。通常、運用を開始するまで最低1週間は必要です。

図2-31　ファンドラップの実態

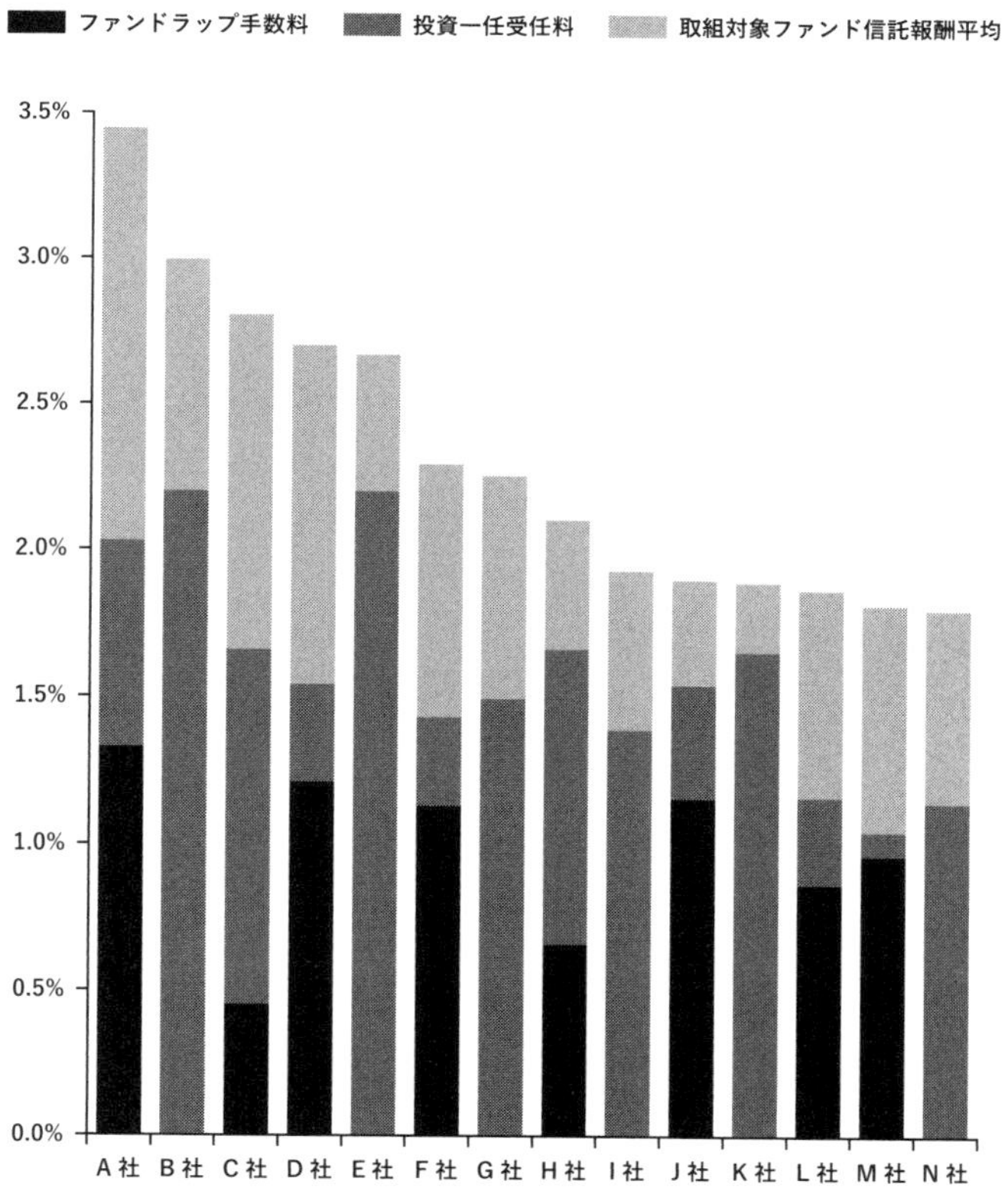

データは2020年末時点。対象は、国内籍の追加型株式投資信託もしくは国内販売外国籍投信を組み入れ対象とするラップ口座と、ファンドラップ専用の投資信託。海外ETFを直接組み入れるロボアドバイザーは対象外。ファンドラップ手数料と投資一任受任料(固定報酬制)については、それぞれの「最大・最小の平均値(もしくは一律値)」を算出。最大・最小の差異がなく一律の場合は、最大値(一律値)をそのまま採用。ファンドラップ手数料を投資一任受任料に含めているファンドラップも存在する。

出所：投資顧問業協会、QUICKのデータをもとに当社作成

変額保険を運用目的で利用するのはNG

退職金運用の営業では、保険会社から変額保険を勧められることも多いです。しかし、**運用目的で変額保険を利用するのはあまりお勧めできません。**

ここで、２００６年12月から２０２１年11月の15年間で全世界株式インデックスと変額保険に積立した場合のリターンを比較してみましょう（図２－32）。

全世界株式インデックスは、積立の元本よりも95％上昇しています。一方で変額保険に加入し、積み立て運用した場合の返戻率を見ると、当初8年ほどは元本割れの状態が続いています。

最終的な返戻率は保険会社によって異なりますが、最もよいところでも31％ほどです。全世界株式インデックスの3分の1程度にすぎません。トータルリ

図2-32　株価指数と変額保険の運用効果は?

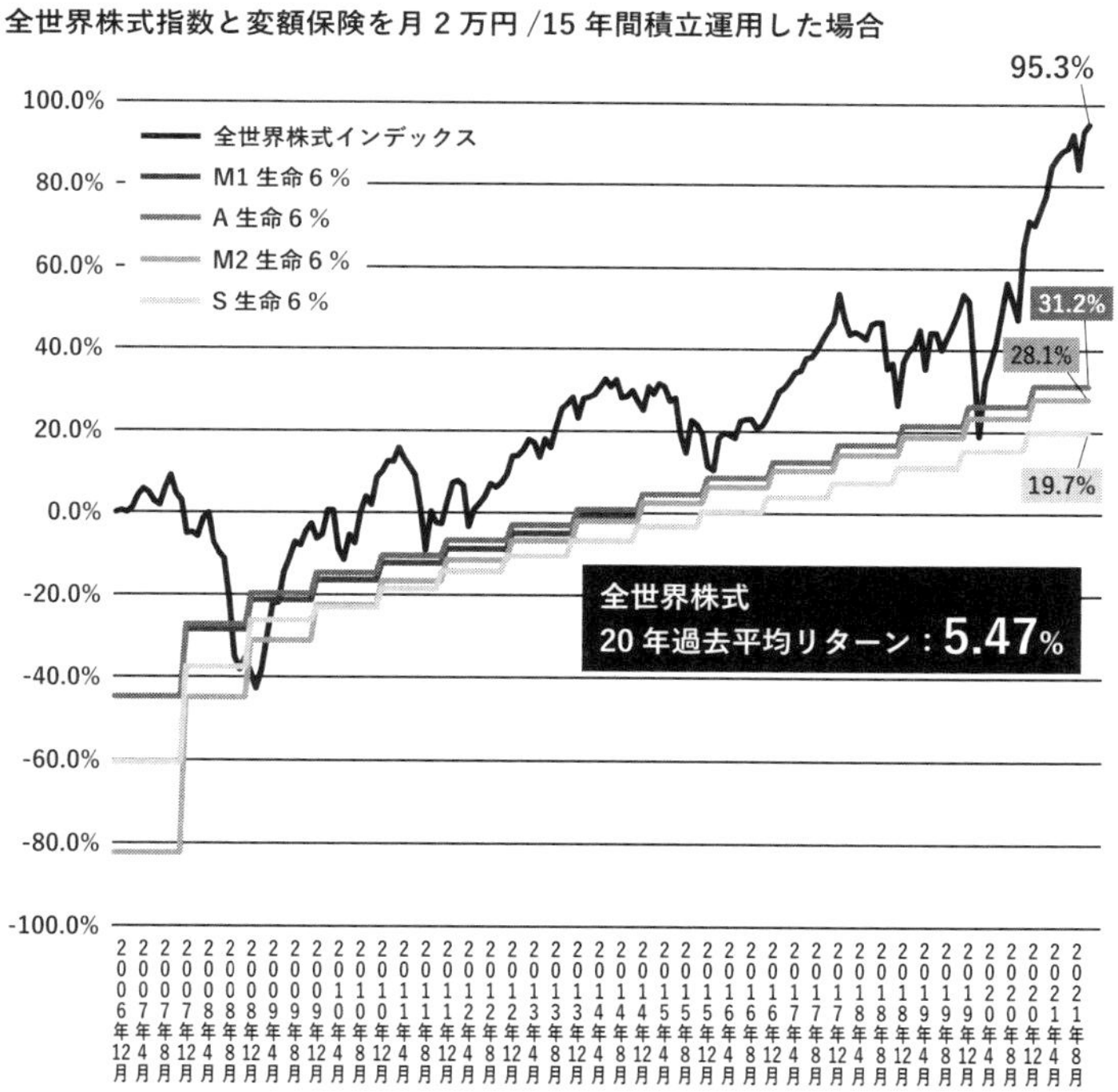

出所：Bloomberg、保険会社各社の設計書より当社作成(60歳男性が15年間積み立てた場合)

ターンで大きな差がつく結果になりました。

保険機能を活用しつつ運用をしたい場合には、変額保険も役立ちますが、運用目的であれば、インデックスに連動する商品に積立投資したほうが高いリターンを得られる確率が高くなることがわかります。

景気後退局面は債券を中心にしたポートフォリオを

コロナショックは次第に収束してきましたが、アメリカでの金融引き締め政策やウクライナショックによるエネルギー価格の高騰など、世界の経済見通しは必ずしも明るくありません。そんな**景気後退局面において、債券の活用をすることが賢明な選択**です。

世界の富裕層や機関投資家の運用は、債券をベースに株式や他の資産に投資する考え方が一般的です。

すでに述べた通り、債券は発行体である国や企業にお金を貸す行為に近いものです。投資家がお金を提供する代わりに、発行体が債券という証書を発行します。債券を保有する間は定期的に利金を受け取ることができ、償還期日（満期）になれば貸したお金が戻ってきます。

債券は、「利金＝インカムゲイン」が主な収益となりますが、実は、**値上がり益（キャピタルゲイン）を狙うこともできます。**

債券は時価で売買されていますので、価格は常に変動します。債券の価格を左右する要因として最も大きいのは金利で、世の中の金利が上がっているか、下がっているかによって債券価格は変動します。

世の中の金利が下がっているときには債券価格は上がり、金利が上がっているときには、債券の価格は下がります。

ここで重要なのが、**デュレーション**という概念です。

デュレーションとは、**債券の投資元本を回収するまでにかかる期間**のことです。この期間が短ければ、金利変動に対する価格の影響は比較的小さくなります。一方、デュレーションが長い債券の場合、大きなキャピタルゲインを狙いやすいということになります。

例えば、デュレーションが1年の債券を保有しているときに市場金利が1％

図2-33　証券価値の変動要因（金利と債券価格、デュレーションの関係）

■デュレーションが長くなるほど
金利変動に対して債券価格が大きく変化する

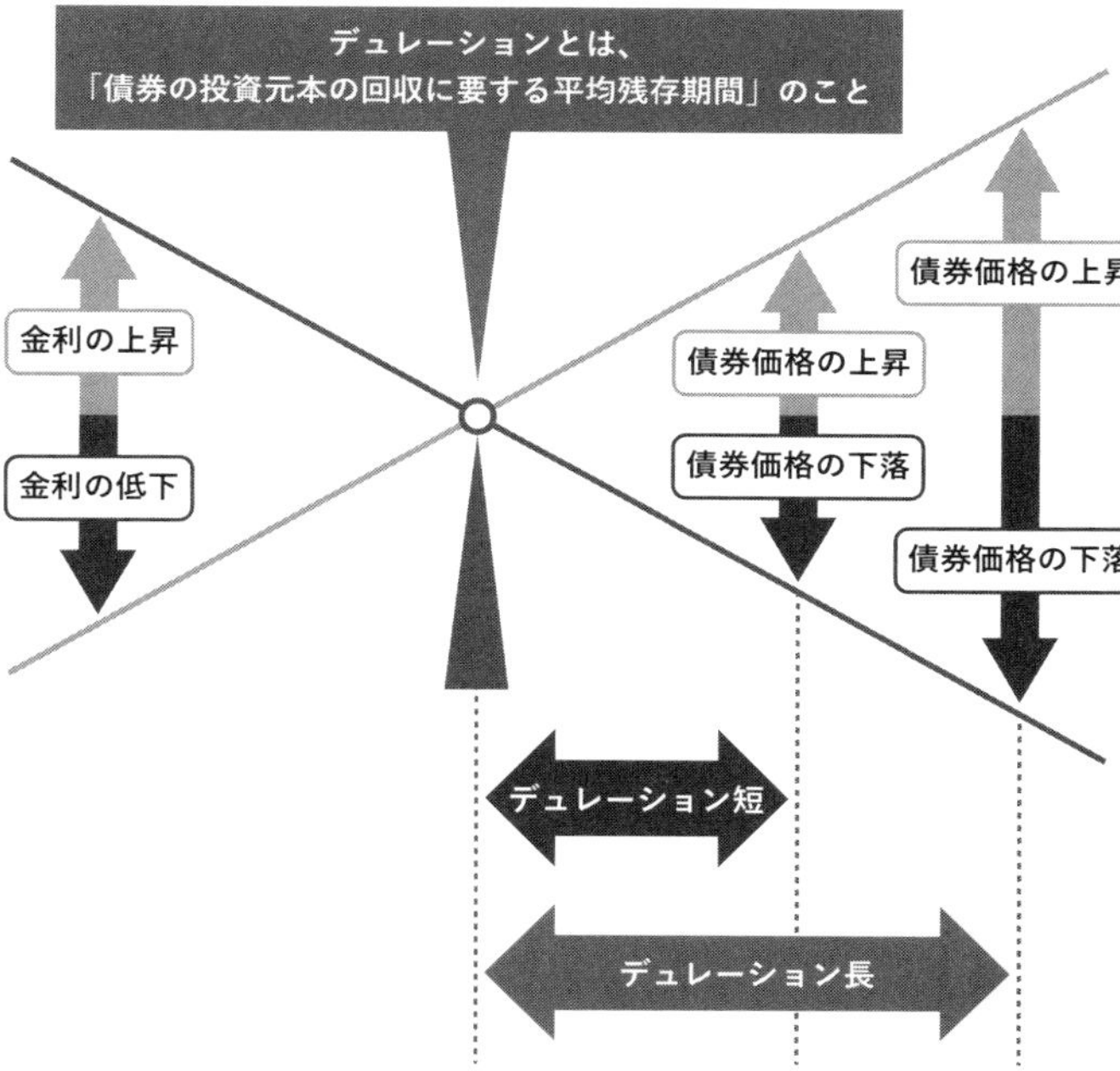

※上記は市場金利と債券価格の一般的な関係を表したイメージ図であり、債券価格が常に上記の通り動くことを示唆・保証するものではありません

図2-34　債券価格の変動要因2（金利と債券価格、デュレーションの関係）

－1	×	金利の変化	×	デュレーション	≒	債券の価格変化
－1	×	＋1％（金利上昇）	×	1年	≒	－1％（価格下落）
－1	×	－1％（金利低下）	×	1年	≒	＋1％（価格上昇）
－1	×	＋1％（金利上昇）	×	2年	≒	－2％（価格下落）
－1	×	－1％（金利低下）	×	2年	≒	＋2％（価格上昇）

※上記は市場金利と債券価格の一般的な関係を表したイメージ図であり、債券価格が常に上記の通り動くことを示唆・保証するものではありません

上がった場合、債券価格は1％下落します。逆に金利が1％下がると債券価格は1％上がります。

一方でデュレーションが2年の場合、金利が1％変化すると債券価格は2％変動します。さらに、デュレーションが10年であれば10％、40年であれば40％動くことになります。

このように**債券は、デュレーション次第で大きなパフォーマンスを発揮する可能性があります。**2018年には、アメリカの長期金利は3・2％程度になっていましたが、その後コロナショックが起こり一気に0・5％程度まで金利が急低下しました。

図2-35　金利と債券価格の関係－ゴールドマンサックスの社債の例

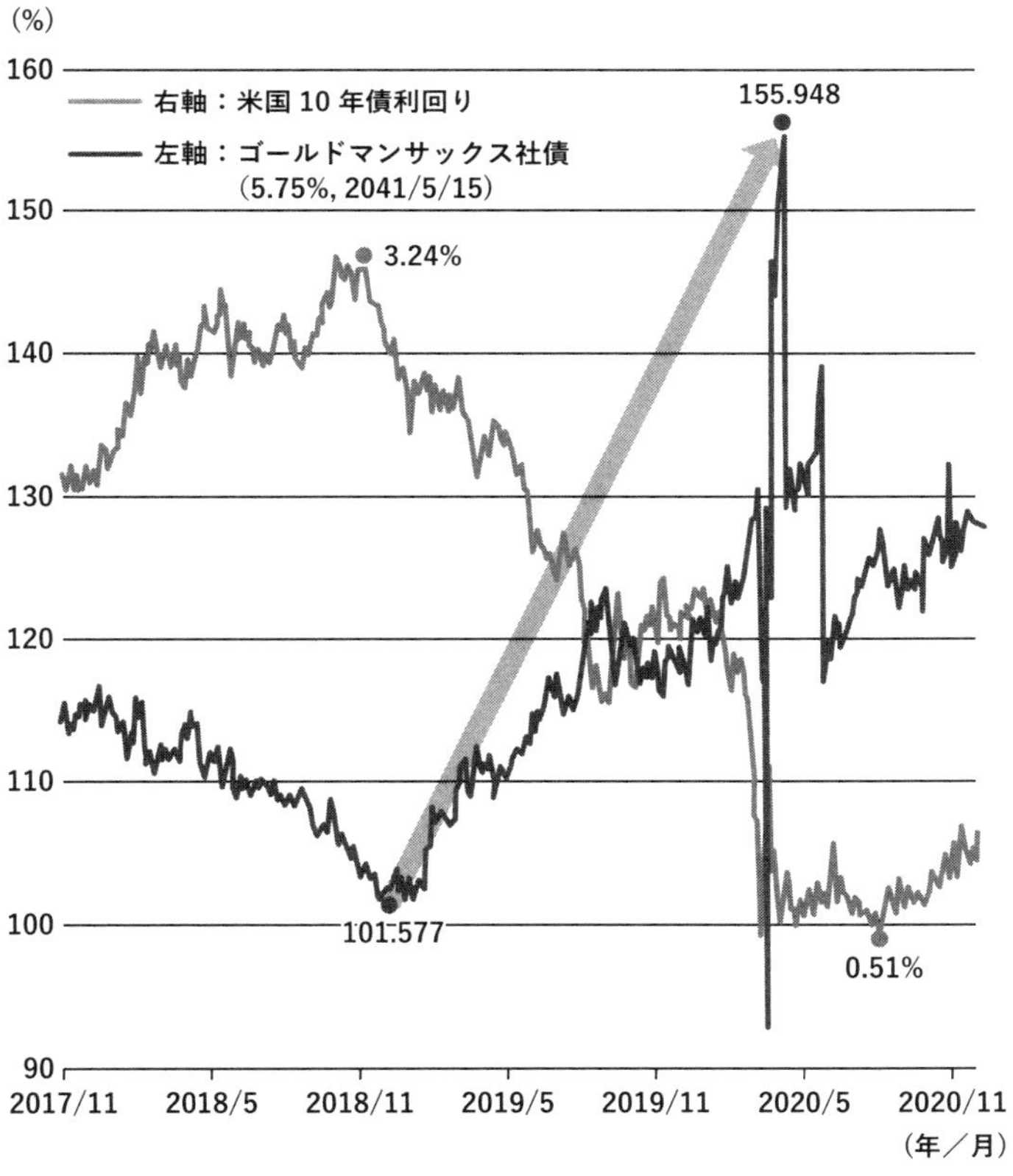

出所：Bloombergより当社作成

ゴールドマンサックスが発行した2041年満期の長期債は注目すべき事例です。この債券は、2018年11月から2020年5月までの1年半で価格は101から155に上昇し、約54％のキャピタルゲインを得られました。これらの例から、金利動向が債券の価格にどれだけ影響を与えるのかがわかります。

各金融商品の特徴まとめ

本章では、さまざまな金融商品のメリット・デメリットについて解説してきました。ここでは、それらの要点を再確認しつつ、資産運用のポイントを再確認しましょう。

●株式

株式は高いリターンが狙える一方で、資産が大きく減ってしまう可能性もあります。30代、40代の人であれば、運用できる期間が長いので失敗しても取り戻すチャンスがあります。

しかし、50代以上になると、安定した老後生活を送るために、リスクを軽減した資産運用がより重要になります。趣味としての投資であればいいのですが、老後の安定した資産形成の手段としては、より安全な方法を選択すべきです。例えば、債券で安定した利回りを確保し、その利回りの一部を株式投資に充てる方法が考えられます。

●投資信託

投資信託は、コア・サテライト戦略のコアの部分を構成する商品候補となりえます。ただ、投資信託には、ローリスク・ローリターンの商品からハイリスク・ハイリターンの商品まであります。50代以上であれば、値動きが小さく安定リターンが期待できる投資信託を選ぶといいでしょう。

また、投資信託の中にはコストが高いものもありますから、コストを意識して選択することも重要です。

●債券

債券は満期まで保有すれば元本割れのリスクを低減し、保有期間中はあらかじめ決められた利率で利金を得られます。一方、債券の発行体が経済的に困難に陥ると、元本を返済できなくなる可能性があります。そのため、債券を選ぶ際には、発行体の信頼性をしっかりと確認することが重要です。

信頼できる発行体とは、例えば格付けの高い企業や、経済的に安定している国の政府が発行する債券を指します。これらの発行体は、経済的に信頼があり、破綻する可能性が低いため、投資家にとって安心して投資できる選択肢となります。加えて、アメリカは日本に比べて金利が高いため、アメリカの企業が発行する債券を購入することで、安定したリターンを期待することができます。

●ファンドラップ

ファンドラップは、資産運用の経験がない人でも手軽に長期分散投資が可能なサービスです。ただし、大手証券会社などが提供しているファンドラップは管理コストが高いというデメリットがあります。

一般的には年2～3％の管理コストを支払います。仮に運用で5％のリターンが得られても3％のコストがかかれば、実際に得られるリターンは2％になってしまいます。

運用成果にかかわらず、高いコストが発生するため、そのコストがリターンを圧迫しないか注意が必要です。

●保険

保険には保障機能と同時に貯蓄機能のある商品もあります。例えば、変額保険は死亡時に一定の保険金が受け取れるほか、中途解約した場合には解約返戻金を受け取れます。解約返戻金は支払った保険料の運用実績によって決まります。

保障と運用効果が得られる一挙両得の商品に思えますが、支払った保険料の一部は、保障を得るために利用されています。その分、運用効果は下がります。純粋に資産運用が目的であれば、コストの安いインデックスファンドなどを利用したほうがリターンは高くなります。

●不動産投資

実物資産の代表例で、投資の選択肢のひとつとして根強い人気を誇る不動産投資についても触れておきましょう。不動産投資は、「サラリーマン大家」というフレーズが話題になる中、多くの人が興味を持つ投資先です。一方、不動産投資は手間とコストがかかる面があります。例えば、賃貸人を見つけたり、物件の管理や修繕を行ったりする必要があります。これらのタスクは管理会社に委託することも可能ですが、その分のコストが発生します。

30代、40代の方々であれば、低金利の借入金を利用して不動産を購入し、賃貸に出すことで収益を上げることができます。例えば、年利1％で資金を借り入れて不動産を購入し、賃貸に出して4％のリターンが得られるとします。その場合、4％から1％を引いた3％のリターンが得られるわけです。このように、自己資金が少なくても投資によるリターンを享受することができるのです。

一方、50代以上の方々は借入がしにくくなるため、不動産投資のメリットを十分に活用することができないことが多いです。50代以上の方々にとっては、低コストの金融商品で資産を運用する方が、リスクを低く抑えながら安定したリターンを得ることが可能であり、より有利な選択肢となります。

第3章

資産運用の実践のポイントを理解する

本章では、さまざまな属性の方の資産運用の事例から、どう運用すればいいのか具体的なポイントを見ていきたいと思います。

取り上げる事例は、次の7人です。

①60代男性・退職済み・総資産約4億円
②50代女性・退職済み・総資産約4000万円
③60代男性・退職済み・総資産約2900万円
④60代男性・退職済み・総資産約3300万円
⑤50代男性・会社員・総資産約7000万円
⑥50代男性・会社員・総資産約5000万円
⑦60代男性・会社員・総資産約15億円

個人の属性や状況によって運用のポイントは異なり、本章で紹介した運用方法が絶対解とは限りません。しかし、自分に近い属性・状況の事例から、資産運用のヒントを得ていただければと思います。

ケース 1

資産2億円の運用コストが年400万円低コスト運用でリターンを改善

Aさん(男性・67歳・退職済み)
奥さま(59歳)と同居、お子さまはなし
総資産：約4億円(主として金融資産)

50代以上の方の場合、大きなリスクをとるのは難しく、債券を中心としたポートフォリオが基本となります。また、当社では独自のファンドラップを提供していますので、債券と株式を組み合わせたバランスのよいポートフォリオを組むことが可能です。

債券は、まとまった資金を運用して安定的に利金を得ることができるのがメリットです。反対に投資信託は小口からの投資も可能ですし、多くの場合、比較的短期間で換金できるため機動的な運用が可能になります。ただし、具体的な商品や契約内容によっては、換金時に手数料が発生する場合や、一部の投資信託では換金に時間がかかることもあるため、各商品の内容を確認することをお勧めします。

多くの銀行では、退職金プランを用意しています。定期預金と投資信託を半々で運用するプランです。定期預金の金利が3%など、高金利で設定されるため、興味を持つ人が多いのですが、実際に高金利が適用されるのは3か月程度であることが多く、表示金利が年7%であっても、7%÷12か月×3か月で1・7%程度の金利にしかなりません。

また、投資信託の部分には購入手数料と信託報酬がかかります。その負担のほうが得られる金利よりも多くなるのが一般的です。それに気づかず、退職金パックを利用してしまう人も多いのです。

あるいは相続で財産を承継された方の場合、ご両親がファンドラップを利用していたため、「そのままファンドラップで運用しませんか」との勧誘も多くあります。大手証券会社などのファンドラップは手数料が高いので、その分、得られるリターンは下がってしまいます。

図3-1　Aさんのアセットアロケーション

■商品別

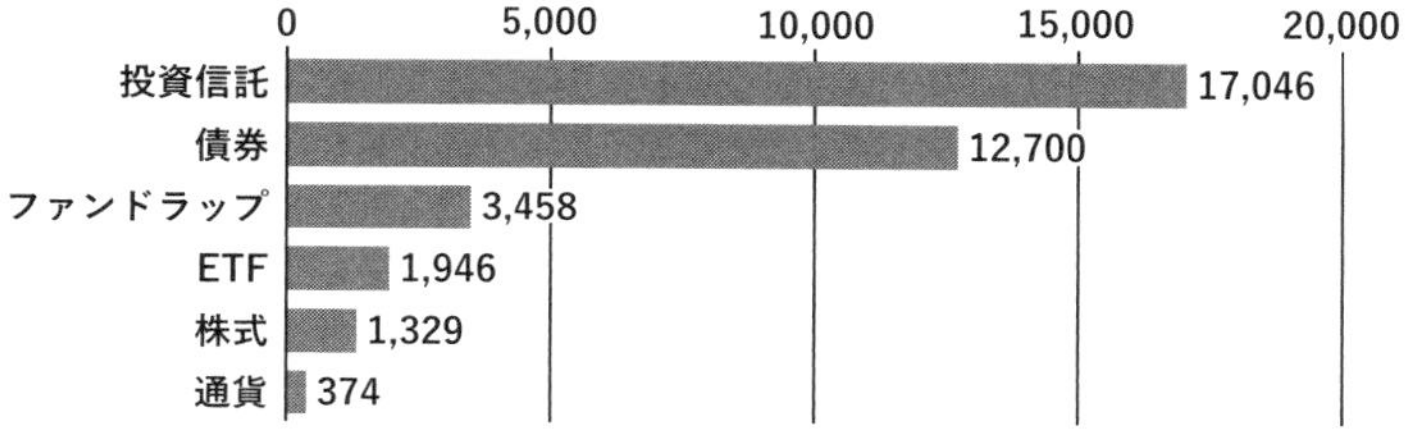

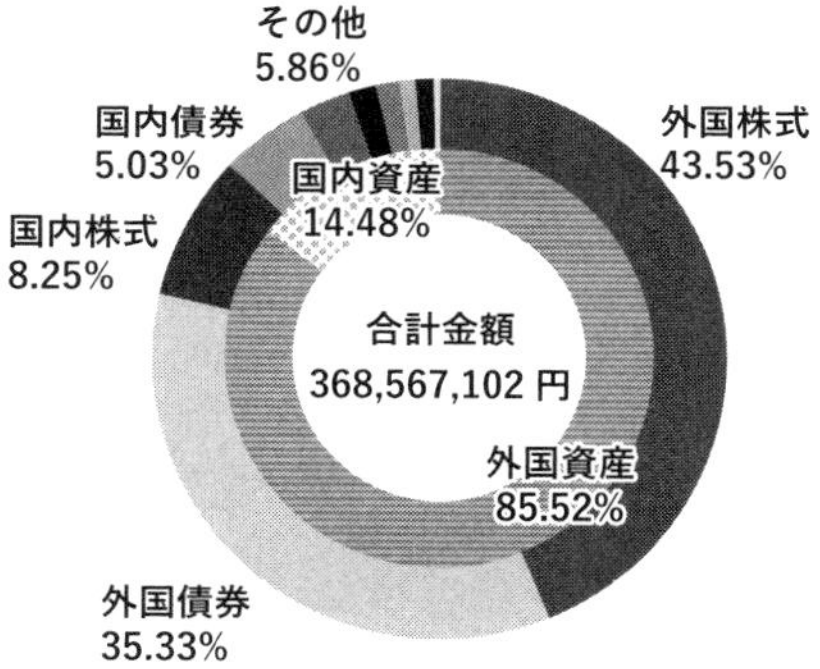

■アセット別

アセット	金額	比率
外国株式	160,431,054	43.53%
外国債券	130,213,276	35.33%
うち**新興国通貨建て債券**	48,687,714	13.21%
国内株式	30,421,791	8.25%
国内債券	18,531,615	5.03%
バランス	10,187,878	2.76%
国内リート	6,044,659	1.64%
外国リート	4,127,326	1.12%
ヘッジファンド	3,832,366	1.04%
外貨	3,323,551	0.90%
商品	1,036,428	0.28%
円貨	417,158	0.11%

※データはすべて2023年11月時点

図3-2　Aさんの保有する投資信託

保有本数	28本
運用資産額	約１億7,000万円
年間信託報酬	約294万円

Aさんは退職したばかりで、奥さまと２人暮らし。お子さまはいません。総資産は約４億円です。大手証券２社のファンドラップで３５００万円ほど運用していて、**毎年57万円程度のコスト（信託報酬と管理手数料）**を支払っていました。そのファンドラップには、国内外の株式、債券、ヘッジファンドなどが組み入れられていました。

ファンドラップのほかにも投資信託で運用をしていましたが、コストの高いものが多く、約１・７億円の運用額に対して年間で２９４万円程度の信託報酬を支払っている状況でした。**ファンドラップと投資信託を合わせると年間３５１万円ものコスト**を支払っていたの

図3-3　Aさんのファンドラップのアロケーション

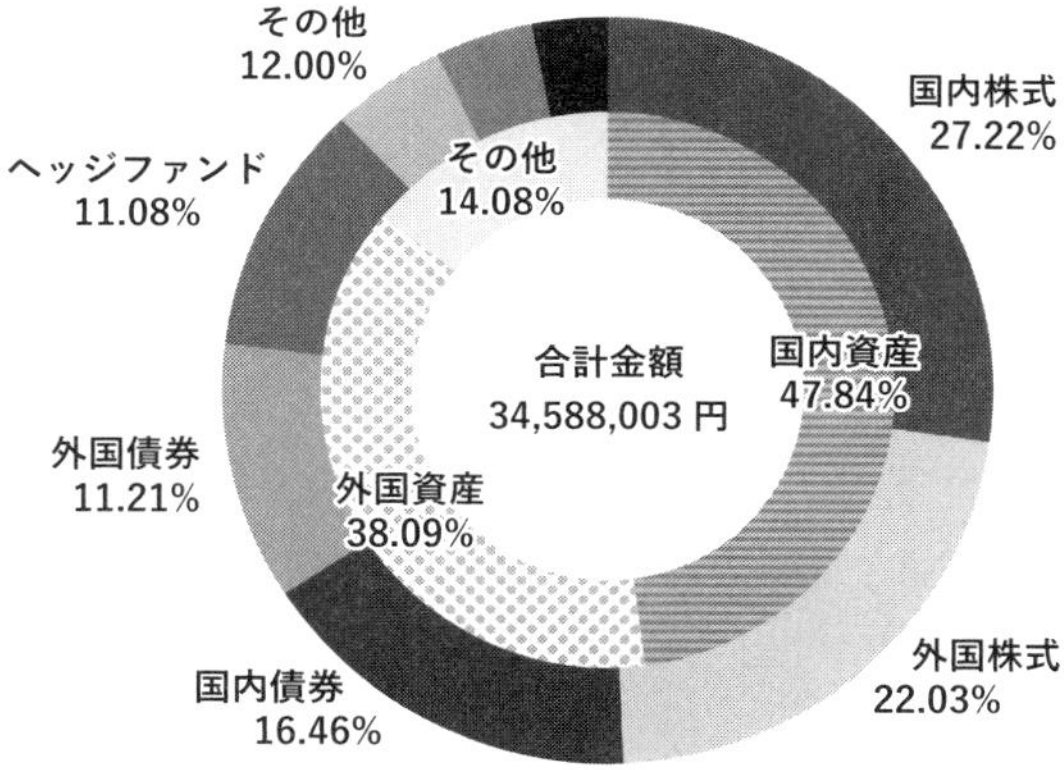

■アセット別

アセット	金額	比率
国内株式	9,416,254	27.22%
外国株式	7,620,890	22.03%
国内債券	5,693,199	16.46%
外国債券	3,879,029	11.21%
ヘッジファンド	3,832,366	11.08%
外国リート	1,673,698	4.84%
国内リート	1,436,139	4.15%
商品	1,036,428	3.00%

年間手数料額	約57万円

※データはすべて2023年11月時点

図3-4　Aさんの保有銘柄の相関係数図

銘柄	バンガード・S&P500ETF	バンガード・米国長期社債ETF	JPMザ・ジャパン・ベストアイデア	グローバル自動運転関連株式ファンド（為替ヘッジなし）	ティー・ロウ・プライス グローバル・テクノロジー株式B	ティー・ロウ・プライス世界厳選成長株式B 資産成長・ヘッジなし	野村インド株投信	投資のソムリエ
バンガード・S&P500ETF	1.000	0.662	0.754	0.831	0.621	0.885	0.593	0.413
バンガード・米国長期社債ETF	0.662	1.000	0.584	0.640	0.611	0.701	0.468	0.792
JPMザ・ジャパン・ベストアイデア	0.754	0.584	1.000	0.809	0.591	0.830	0.508	0.540
グローバル自動運転関連株式ファンド（為替ヘッジなし）	0.831	0.640	0.809	1.000	0.803	0.917	0.555	0.492
ティー・ロウ・プライス グローバル・テクノロジー株式B	0.621	0.611	0.591	0.803	1.000	0.837	0.510	0.460
ティー・ロウ・プライス世界厳選成長株式B 資産成長・ヘッジなし	0.885	0.701	0.830	0.917	0.837	1.000	0.660	0.565
野村インド株投信	0.593	0.468	0.508	0.555	0.510	0.660	1.000	0.263
投資のソムリエ	0.413	0.792	0.540	0.492	0.460	0.565	0.263	1.000

出所：Bloombergのデータをもとに当社作成

です。

Aさんはすでに定年退職していましたが、現役時代は仕事が忙しくお金を使う時間がなかったため、トータルで約4億円という資産を築くことができたようです。

Aさんは、対面証券会社の営業マンから勧められた銘柄を対面証券で少しだけ購入して、それ以外はネット証券で購入していました。ネット証券の方が手数料は安く、コスト意識は高かったといえます。ただ、投資信託の信託報酬がコストだという意識は持たれていなかったようです。これはAさんに限らず、多くの人が陥る罠です。購入時の手数料は気にしても、信託報酬などのランニングコストまで意識している人は少ない印象です。

Aさんは「なかなか勝てない」と嘆いていましたが、コストが高ければ利益は減少してしまいます。それを確かめるために、Aさんの保有する投資信託のコストとパフォーマンスを詳しく調査しました。また、分散投資をしているつもりでも、相関係数が高く、同じような値動きをする資産ばかりでは意味がありません。信託報酬が高いうえに分散効果がないのであれば、ポートフォリオの整理を検討する必要があります。加えて、所有している資産のリスクも確認し、そのリスクを適切に管理し、可能な限りコストを低減する戦略を考えました。

POINT

「資産を減らさない」をゴールとしてファンドラップと債券に組み換え

信託報酬の高い投資信託だからといって、運用成績がいいとは限りません。実際は、低コストのインデックスファンドとほとんど変わらないものが多いのです。

Aさんは退職していましたから、値動きが大きな資産での運用は向きません。給与がなくなるので、手持ち資産が大きく目減りしてしまうと挽回が難しいからです。そこで、資産全体の変動を抑える運用をご提案しました。

また、Aさんは、新興国通貨建ての債券も一部保有しており、その含み損もありました。対面証券の営業マンから「年利10％の債券が出ます」といわれて購入したのですが、為替差損で利率以上の含み損を抱えてしまっていたのです。

新興国通貨建ての債券の中には、リターンがマイナス80％にまで減少するものもありました。これほどの損失が出れば、「この証券会社は信用できない」と考えて取引をやめる方も多いのですが、Aさんの場合は取引を続けていました。仕事が忙しくて考える時間がないので、損失を計算せず、言われるままに買っていたそうです。

本来であれば、Aさんが保有している金融商品をすべて売却して、新たなポートフォリオを組むのが理想ですが、大きな含み損が出ているものも多く、決断するのは容易ではありませんでした。そこで、私たちは徐々に理想のポートフォリオに組み替えていく提案をしました。

Aさんの場合は資産運用をしなくても老後資金は心配ないほどの資産を持っていましたので、できるだけ資産が減るのを防ぐのが基本方針になります。

最終的には、運用コストの低いファンドラップと債券で主に組み立てました。債券をメインにして一部を運用コストの低いファンドラップに振り分ける形です。

ケース 2

退職金を株式でハイリスク運用 債券を組み入れて安定収入を確保

Bさん（女性・59歳）
ご主人（62歳）と同居
総資産：約4000万円

当社には、女性からのご相談も多くあります。ご結婚されている場合、資産運用も奥さまが主導権を握っていることがよくあります。

この事例のBさんは59歳で、退職金を活用して、株式の個別銘柄へ投資をしていたのですが、成果が芳しくなく、当社のセミナーに参加されました。その中でもう少しリスクを抑えた方がいいのではないかと考えたようです。

そこでBさんから保有資産の分析の依頼を受けました。老後資金はご主人の資産で賄えそうだったため、ご自身の退職金はほとんど個別銘柄に投資してい

図3-5　Bさんの保有銘柄

	銘柄名	評価額
1	ルネサスエレクトロニクス	1,808,000
2	cotta	87,800
3	セプテーニ・ホールディングス	518,000
4	エラン	497,000
5	メンタルヘルステクノロジーズ	312,000
6	菱洋エレクトロ	252,400
7	スター精密	350,000
8	日本精工	759,000
9	コニカミノルタ	551,000
10	セーラー万年筆	159,000
11	シーイーシー	408,000
12	PKSHA Technology	985,000
13	ラオックスホールディングス	57,400
14	ジャパンディスプレイ	233,200
15	iFreeレバレッジNASDAQ100	720,000
16	マネックス・日本成長株ファンド	1,110,000
17	eMAXIS Slim 米国株式（S&P500）	900,000
18	eMAXIS NASDAQ100インデックス	1,290,000
	合計	**10,997,800**

※データはすべて2023年11月時点

たようで、金額で1000万円ほどです。Bさんは企業の業績などを調べるのが比較的お好きだったので、楽しみも兼ねて運用していたようです。

保有銘柄は18銘柄でした。期待リターンを計算すると十数%にはなりましたが、その分のリスクもあります。

POINT

ハイリスクの銘柄をすべて売却して債券を購入し、損失が出ない構成に

そこで、現在保有している銘柄をすべて売却して債券を購入し、そこから得られる利金で株式を購入してはどうかとの提案をしました。個別銘柄で損失が出ても、元本は減る心配がありません。

Bさんは投資信託には興味がなく、債券についても知ってはいましたが、購入を考えたことはありませんでした。株式の個別銘柄のように大きく値動きするものが好みのようでした。

債券によって安定的なリターンを確保する一方、得られた利金で株式投資を継続することで、リスクを抑えながら趣味の投資を継続できる一挙両得の対策となりました。

図3-6　Bさんの保有銘柄のリターン

Portfolio Statistics	6か月	1年	3年
リターン			
トータルリターン	11.03	9.8	109.3
最大リターン	2.45	3.66	5.5
最小リターン	−2.93	−3.66	−4.37
平均リターン(年率)	37.4	17.29	45.98
リスク/リターン			
シャープレシオ	1.38	0.6	1.41

図3-7　Bさんの見直し後のポートフォリオ

債券シミュレーション

参考利回り(加重平均)	5.76%	※1ドル149.5円換算、単位：円、 債券格付けは、 Moody's/S&P/Fitchの順、参考利回りは円ベースで算出

合計11,030,921円

番号	発行体	通貨	商品種類	債券格付け	ファーストコール	償還日	クーポン利回り	単価	参考利回り	利払い日	仮購入数(ドル)	仮購入額(円相当額)	損益分岐点為替レート
1	インテル	米ドル	シニア債	A2/A/A-	9/25/2039	3/25/2040	4.600%	88.02	5.760%	3月25日 9月25日	83,000	11,030,921	73.06

※本シミュレーションのいかなる内容も、将来の運用成果を予測し、保証するものではありません。※情報の正確性には万全を期しておりますが、その内容の正確性、完全性、信頼性等を保証するものではありません。本シミュレーション及び掲載された情報を利用することで生じるいかなる損害(直接的、間接的を問わず)についても、当社は一切の責任を負うものではありません。実際の資産運用や投資判断に当たっては、必ずご自身の責任において最終的に判断してください。　※単価は2023年11月のBloombergより算出した参考価格であり、当該価格での約定を約束するものではありません。※参考利回りはファーストコール時点での利回りです。ファーストコールがない場合は満期時点の利回りです。　※Moody' s/S&P/Fitchは無登録格付業者になります。

利金シミュレーション：円建(税引後)　　(単位：円)

	銘柄	2023年	2024年	2025年	2026年	2027年	2028年	2029年	2030年	2031年	2032年	合計
	インテル	0	456,964	456,964	456,964	456,964	456,964	456,964	456,964	456,964	456,964	
	合計	0	456,964	456,964	456,964	456,964	456,964	456,964	456,964	456,964	456,964	4,112,680
利金累計		0	456,964	913,929	1,370,893	1,827,858	2,284,822	2,741,787	3,198,751	3,655,716	4,112,680	

※本シミュレーションのいかなる内容も、将来の運用成果を予測し、保証するものではありません。※情報の正確性には万全を期しておりますが、その内容の正確性、完全性、信頼性等を保証するものではありません。本シミュレーション及び掲載された情報を利用することで生じるいかなる損害(直接的、間接的を問わず)についても、当社は一切の責任を負うものではありません。実際の資産運用や投資判断に当たっては、必ずご自身の責任において最終的に判断してください。

※データはすべて2023年11月時点

ケース 3

コストの高いテーマ型投信を売却
ドル建て債券で年利回り4％を確定

Cさん（男性・62歳・退職済み）
奥さま（61歳）とお子さま（32歳・29歳）とお孫さん（5歳）と同居
総資産：約2900万円

Cさんは62歳で、長年勤めた大企業をすでに退職し、奥さまとお子さま、お孫さんがいます。退職金が入ってきたタイミングで資産運用をどうすればいいかを考えました。銀行からテーマ型の投資信託を勧められて運用はしていましたが、このままでいいのか、確信が持てません。また、年金生活に入るタイミングだったため、なるべく定期的な収入を得たいとも思っていました。

現役時代のCさん一家の生活費は月45万円でした。それに対して公的年金の受給額は35万円。生活は公的年金である程度カバーできる一方で、「手持ち資

図3-8　Cさんの資産運用ニーズと提案内容

運用ニーズ

- 退職金は**銀行で勧められたテーマ型の投資信託**で運用しているが、これでいいのかわからない……
- 現金を**運用、定期的な収入を生む資産**を持ちたい
- 老後資金は大方足りているので**少しリスクをとった運用をして資産を増やしていきたい**
- **自宅の査定、買い替え**検討
- **相続対策**

ご提案内容

- **高いコストの投資信託の見直し**
- 年金を差し引いた生活費２年分(240 万円)＋余裕資金500万円を現金として保有
- **インカム収入を生む債券運用：約2,100 万円**
- **保険非課税枠の活用**(法定相続人１ 人当たり500 万円)
- 自宅の売却金額査定

金はリスクを抑えて運用したい」との気持ちもありました。

この状況を踏まえ、私たちがお勧めしたプランは、保有している投資信託の見直しでした。見直しをご提案した理由は、コストが非常に高い投資信託を保有しており運用効率が悪かったからです。

POINT

債券に回して運用効率をアップさせ、「成長する資産」に変える

年金で不足する生活費は月10万円ですので、2年分として240万円、これに余裕資金を加えて500万円は手元に残しつつ、残りは資産寿命を延ばすためにインカムゲインを生み出してくれる債券での運用を提案しました。

実際、運用に回した資金は約2100万円です。この資金で三菱UFJフィナンシャルグループが発行する債券（参考利回り4・62％）、米国のアップル社が発行する債券（参考利回り5・00％）を購入しました。いずれも米ドル建てです。

償還日は前者が2029年3月、後者が2047年11月で、この2つの債券を持つことで得られる利金のシミュレーションをすると、10年間で約545万円となり、最初の5年間は毎年71万円ほど利金を得ることができます（為替が

図3-9　Cさんの見直し後のポートフォリオ

債券シミュレーション

参考利回り（加重平均）	4.84%	※１ドル149.5円換算、単位：円、 債券格付けは、Moody's/S&P/Fitchの順、参考利回りは円ベースで算出	合計20,987,665円

番号	発行体	通過	商品種類	債券格付け	ファーストコール	償還日	クーポン利回り	単価	参考利回り	利払い日	仮購入数量（ドル）	仮購入金額（円相当額）	損益分岐点為替レート
1	三菱UFJフィナンシャル・グループ	米ドル	シニア債	A1/A-/A/	—	3/7/2029	3.741%	95.93	4.621%	3月7日 9月7日	60,000	8,689,190	124.42
2	アップル	米ドル	シニア債	Aaa/ AA+/NR	5/13/2047	11/13/2047	3.750%	82.85	5.001%	5月13日 11月13日	99,000	12,298,475	72.98

※本シミュレーションのいかなる内容も、将来の運用成果を予測し、保証するものではありません。※情報の正確性には万全を期しておりますが、その内容の正確性、完全性、信頼性等を保証するものではありません。本シミュレーション及び掲載された情報を利用することで生じるいかなる損害（直接的、間接的を問わず）についても、当社は一切の責任を負うものではありません。実際の資産運用や投資判断に当たっては、必ずご自身の責任において最終的に判断してください。　※単価は2023年11月のBloombergより算出した参考価格であり、当該価格での約定を約束するものではありません。※参考利回りはファーストコール時点での利回りです。ファーストコールがない場合は満期時点の利回りです。　※Moody' s/S&P/Fitchは無登録格付業者になります。

利金シミュレーション：円建（税引後）　　（単位：円）

	銘柄	2023年	2024年	2025年	2026年	2027年	2028年	2029年	2030年	2031年	2032年	合計
利金（税引後）	三菱UFJフィナンシャル・グループ	0	267,397	267,397	267,397	267,397	267,397	133,699	0	0	0	1,470,684
	アップル	0	442,267	442,267	442,267	442,267	442,267	442,267	442,267	442,267	442,267	3,980,400
	合計	0	709,664	709,664	709,664	709,664	709,664	575,965	442,267	442,267	442,267	5,451,084
利金累計		0	709,664	1,419,328	2,128,991	2,838,655	3,548,319	4,124,284	4,566,551	5,008,818	5,451,084	5,451,084

※本シミュレーションのいかなる内容も、将来の運用成果を予測し、保証するものではありません。※情報の正確性には万全を期しておりますが、その内容の正確性、完全性、信頼性等を保証するものではありません。本シミュレーション及び掲載された情報を利用することで生じるいかなる損害（直接的、間接的を問わず）についても、当社は一切の責任を負うものではありません。実際の資産運用や投資判断に当たっては、必ずご自身の責任において最終的に判断してください。

※データはすべて2023年11月時点

一定の場合）。６年目で三菱ＵＦＪフィナンシャルグループの債券が満期になりますので、そこからはアップルの利金を受け取っていきます。

受け取った利金を生活費に使ってもいいのですが、Ｃさんはまだ62歳で老後生活の期間は長いので、利金を運用に回すのがよいでしょう。

利金を現金として保有する場合と、ＥＴＦへ再投資する場合でシミュレーションをすると、当初約２１００万円の資産が24年後には３５６３万円に成長しています。仮に米国の代表的な株価指数であるＳ＆Ｐ５００、世界株の指数であるＡＣＷＩ（オール・カントリー・ワールド指数）に連動するＥＴＦに半分ずつを投資したケースでシミュレーションすると、利金をＳ＆Ｐ５００あるいは全世界株式に連動するＥＴＦに投資をしていった場合、24年後には約５６００万円に成長している可能性があります。ただこれは、Ｓ＆Ｐ５００、ＡＣＷＩの動きによって異なります。このシミュレーションでは、過去の成長率の平均値を利用し、Ｓ＆Ｐ５００は年８％、ＡＣＷＩは年５・４％の成長率で計算しています。

このように、毎年運用状況を確認し、余裕が生まれた資金を再投資すること

図3-10　Cさんの見直し後の運用シミュレーション

債券利金を現金で保有した場合

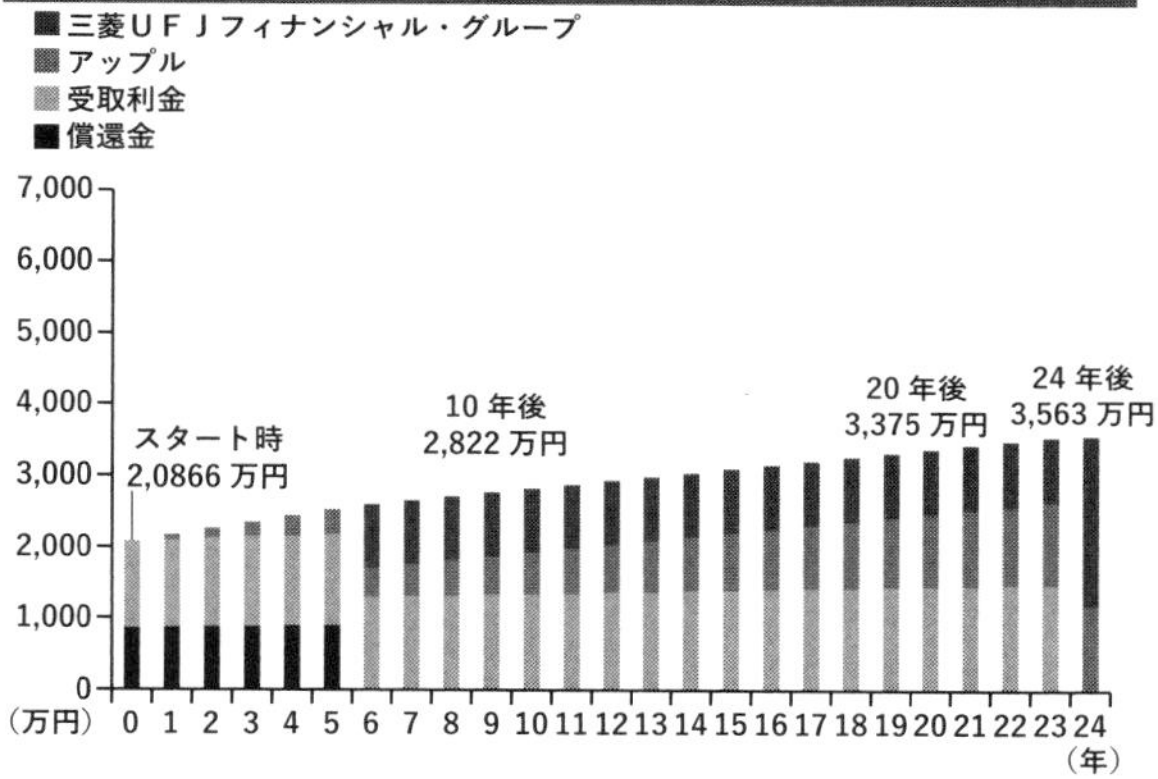

債券利金を ETF に再投資した場合

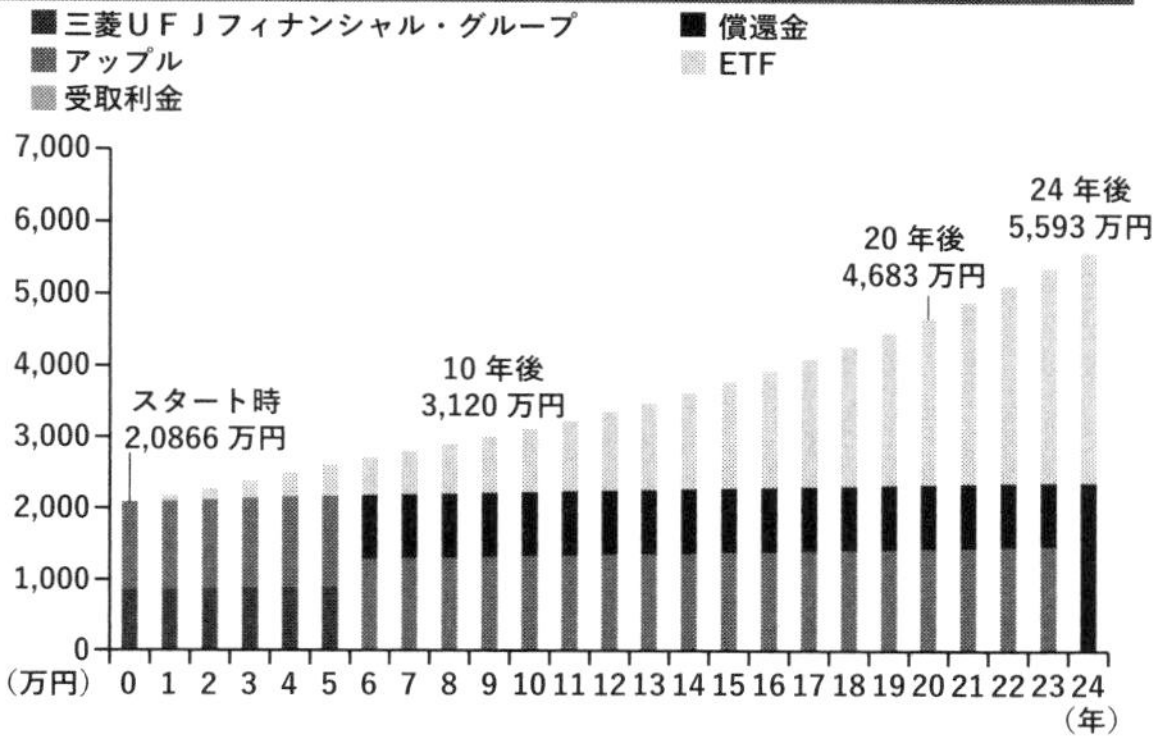

※本シミュレーションのいかなる内容も、将来の運用成果を予測し、保証するものではありません。※情報の正確性には万全を期しておりますが、その内容の正確性、完全性、信頼性等を保証するものではありません。本シミュレーション及び掲載された情報を利用することで生じるいかなる損害(直接的、間接的を問わず)についても、当社は一切の責任を負うものではありません。実際の資産運用や投資判断に当たっては、必ずご自身の責任において最終的に判断してください。

※データはすべて2023年11月時点

で、資産をより成長させることができます。

図3-11　CさんのBefore／After

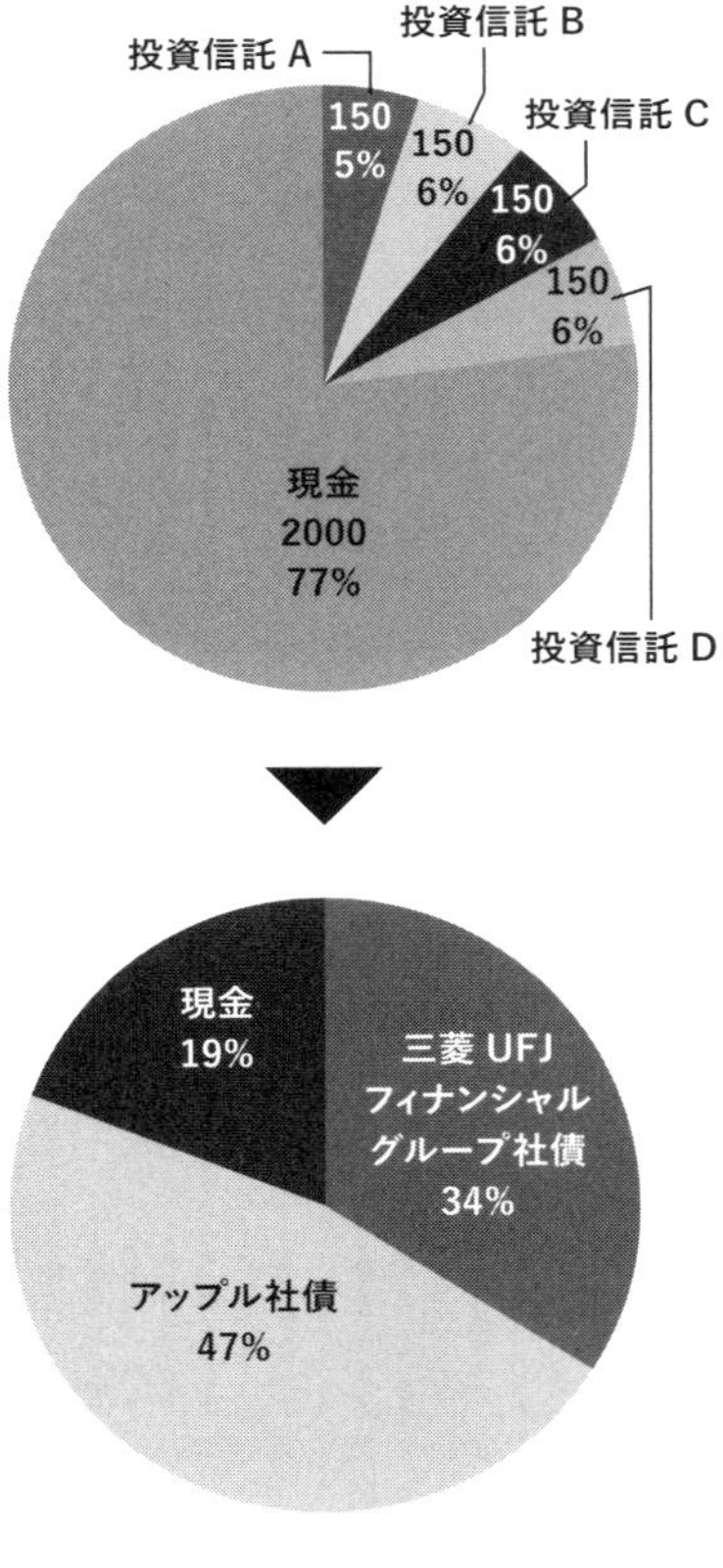

※データはすべて2023年11月時点

ケース 4

余裕資金を分散投資して資産寿命を83歳から100歳へ

Dさん（男性・60歳・退職済み）
奥さま（63歳・退職済み）・お子さま（30歳）
総資産：約3300万円

リタイア後の生活費がどの程度必要なのか、把握していない人は少なくありません。まずは現在の家計の状況を調べ、リタイア後に毎月、どの程度の生活費が必要かを把握する必要があります。

リタイア後にかかる生活費を正確に把握するのは難しいですし、今後、変動する可能性も高く、ある程度、余裕のある金額を設定するのがポイントです。また、お子さんの結婚資金の援助やお孫さんの教育資金の援助など、イベントに関する出費も想定できる範囲で計上します。それが把握できると、手元に資金をどれくらい残し、どれくらいを運用に回せるかが判断できます。

また、キャッシュフロー表をつくってみると、将来のある時点で支出が収入を上回り赤字が発生する可能性が見えてくるかもしれません。その場合、資産運用することによって赤字を解消できることもあります。

Dさん（60歳）は夫婦共働きで2人とも退職しましたが、住宅ローンの返済が少し残っていました。また、現役時代は余裕資金を預貯金で貯めてきたため、運用は未経験です。マーケットに関する知識はほとんどないため、資産運用は不安だと感じていました。

さらに、老後、生活費以外に介護費用などが必要になった場合に、資産が不足しないかも気にされていました。

POINT

債券と株式で、無理なく資産寿命の延伸を同時に実現

そこで老後生活のマネープランシミュレーションを行い、そのうえでご提案したのは、足元で必要な生活費を確保しつつ、残りの約2000万円を運用する方法です。

図3-12　Dさんの資産運用ニーズと提案内容

運用ニーズ

- **運用未経験**のため、手厚いアフターフォローやしっかりとした説明が欲しい
- 生活費以外の**余暇や介護費用**などが必要になった際に足りるか不安
- 安定的に運用したいが、**生活資金が枯渇しないよう資産を増やしたい**
- **保険**にたくさん入っているので見直したい

ご提案内容

- 生活費２年分(240万円)と余裕資金(**1,060万円**)を残し、約2,000万円を運用
  62歳から生活費は余裕資金と運転資金(ETFや利金)より取り崩し
- 債券　　　：約1,200万円(参考利回り５%)
  ETF(株式)：約800万円(平均年６%)
- 保険の見直し

債券に加え日本株式、米国株式、金などに連動するＥＴＦも含めてポートフォリオを提案しました。債券部分は２０４７年まで年３・75％の利金を受け取れます。

Ｄさんの場合、ご夫婦での生活費として毎月37万円必要であるのに対し、年金収入は25万円です。毎月12万円ずつを取り崩していく計算です。資産をこれまで通り、預貯金で持ち続けた場合、83歳の時点で資産が底をついてしまう計算です。

今回の運用プランを採用することによって、84歳まで債券による利金を受け取ることができるため、資産寿命も１００歳以上に延ばすことが可能です。

資産運用に関しては、誰にでも当てはまる方程式はありません。最近では、資産運用に関してもインターネット上でさまざまな情報が提供されていますが、どんな割合で資産を保有すればいいのか、自分で判断をするのは難しいものです。プロの力を借りながら、老後資金のシミュレーションなどをしてみるなど、資産運用のための準備をしておくのがいいでしょう。

図3-13　Dさんの見直し後のポートフォリオ①

運用なし　　　　単位：万円

経過年数		0	5	10	15	20	25	30	35	40
年齢	本人	60	65	70	75	80	85	90	95	100
	奥様	63	68	73	78	83	88	93	98	103
公的年金		1,500	1,500	1,500	1,500	1,500	1,500	1,500	1,500	1,500
収入合計		1,500	1,500	1,500	1,500	1,500	1,500	1,500	1,500	1,500
生活費		2,220	2,220	2,220	2,220	2,220	2,220	2,220	2,220	2,220
住宅ローン		300								
支出合計		2,520	2,220	2,220	2,220	2,220	2,220	2,220	2,220	2,220
収支		−1,020	−720	−720	−720	−720	−720	−720	−720	−720
手元現金		3,300	2,580	1,860	1,140	420	−300	−1,020	−1,740	−2,460
資産残高		3,300	2,580	1,860	1,140	420	−300	−1,020	−1,740	−2,460

運用あり　※為替が一定の場合　　　　単位：万円

経過年数		0	5	10	15	20	25	30	35	40
年齢	本人	60	65	70	75	80	85	90	95	100
	奥様	63	68	73	78	83	88	93	98	103
公的年金			1,500	1,500	1,500	1,500	1,500	1,500	1,500	1,500
債券譲渡益（税引後）			0	0	0	0	189	0	0	0
債券利金（税引後）			214	214	214	214	128	0	0	0
ETF売却益（税引後）			0	474	474	379	0	0	593	593
収入合計		0	1,714	2,188	2,188	2,093	1,817	1,500	2,093	2,093
生活費			2,220	2,220	2,220	2,220	2,220	2,220	2,220	2,220
住宅ローン			300							
支出合計		0	2,520	2,220	2,220	2,220	2,220	2,220	2,220	2,220
収支		0	−806	−32	−32	−127	−403	−720	−128	−128
手元現金		1,300	494	462	430	303	1,101	381	253	126
債券（取得価格）		1,200	1,200	1,200	1,200	1,200	0	0	0	0
ETF残高		800	1,071	1,433	1,102	798	638	854	993	484
資産残高		3,300	2,765	3,095	2,732	2,301	1,739	1,235	1,246	609

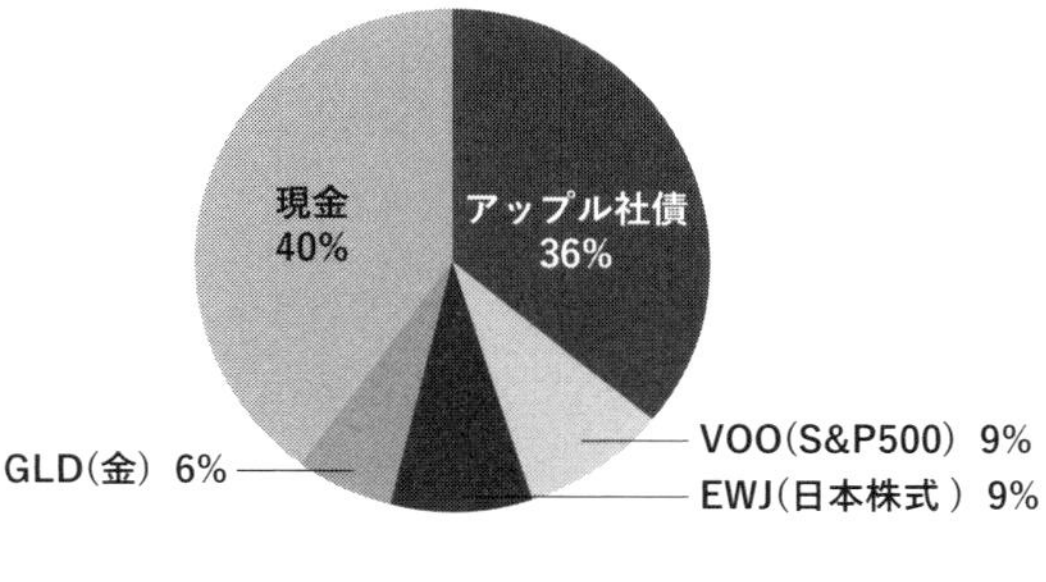

図3-14　Dさんの見直し後のポートフォリオ②

債券シミュレーション

参考利回り（加重平均）	4.84%	※１ドル149.5円換算、単位：円、 債券格付けは、Moody's/S&P/Fitchの順、参考利回りは 円ベースで算出	合計12,050,021円

番号	発行体	通過	商品種類	債券格付け	ファーストコール	償還日	クーポン利回り	単価	参考利回り	利払い日	仮購入数量（ドル）	仮購入金額（円相当額）	損益分岐点為替レート
1	アップル	米ドル	シニア債	Aaa/AA+/NR	5/13/2047	11/13/2047	3.750%	82.85	5.001%	5月13日 11月13日	97,000	12,050,021	72.98

※本シミュレーションのいかなる内容も、将来の運用成果を予測し、保証するものではありません。※情報の正確性には万全を期しておりますが、その内容の正確性、完全性、信頼性等を保証するものではありません。本シミュレーション及び掲載された情報を利用することで生じるいかなる損害（直接的、間接的を問わず）についても、当社は一切の責任を負うものではありません。実際の資産運用や投資判断に当たっては、必ずご自身の責任において最終的に判断してください。　※単価は2023年11月のBloombergより算出した参考価格であり、当該価格での約定を約束するものではありません。※参考利回りはファーストコール時点での利回りです。ファーストコールがない場合は満期時点の利回りです。　※Moody' s/S&P/Fitchは無登録格付業者になります。

利金シミュレーション：円建（税引後）　　（単位：円）

	銘柄	2023年	2024年	2025年	2026年	2027年	2028年	2029年	2030年	2031年	2032年	合計
利金（税引後）	アップル	0	433,332	433,332	433,332	433,332	433,332	433,332	433,332	433,332	433,332	3,899,988
	合計	0	433,332	433,332	433,332	433,332	433,332	433,332	433,332	433,332	433,332	3,899,988
利金累計		0	433,332	866,664	1,299,996	1,733,328	2,166,660	2,599,992	3,033,324	3,466,656	3,899,988	

※本シミュレーションのいかなる内容も、将来の運用成果を予測し、保証するものではありません。※情報の正確性には万全を期しておりますが、その内容の正確性、完全性、信頼性等を保証するものではありません。本シミュレーション及び掲載された情報を利用することで生じるいかなる損害（直接的、間接的を問わず）についても、当社は一切の責任を負うものではありません。実際の資産運用や投資判断に当たっては、必ずご自身の責任において最終的に判断してください。

※データはすべて2023年11月時点

ケース 5

仕事が忙しく運用に割く時間がないが安定収入を確保し家族旅行に出かけたい

Eさん(男性・50歳・会社員)
奥さま(49歳)、お子さま(22歳、20歳)
総資産：約7000万円

50歳のEさんは大企業に勤める会社員で、奥さまとお子さま2名の4人家族です。これまで株式や投資信託で資産運用をしてきました。しかし、コロナショック以降、相場が不安定な状況が続いているため、「ポートフォリオを見直したい」とのご相談でした。

運用の希望をお聞きすると、「仕事が忙しいので安定した利金収入を得て、ときには旅行に行けたらいい」とのご希望でした。

図3-15　Eさんの資産運用ニーズと提案内容

運用ニーズ

・株式投資を行っているが、今後は相場が下落すると考えており、株式中心のポートフォリオ全体（計6,000万円）を見直したい
・仕事が忙しく、運用パフォーマンスに一喜一憂したくない
・安定した利金収入を得て、家族で趣味の旅行を楽しみたい

ポートフォリオ BEFORE

株式：5,000万円
投資信託：1,000万円

ご提案内容　AFTER

・**保有している株式と投資信託を売却**
・**債券を約6,000万円購入**
（三菱UFJフィナンシャルグループ、ジョンソン・エンド・ジョンソン、マイクロソフト、ウォルト・ディズニー・カンパニー）
・残存期間の**短い債券**と**長い債券**を組み合わせた投資戦略

参考利回り	**4.82%**
利金収入	**217万円/年**

POINT

残存期間の異なる債券を組み合わせて安定した運用に

Eさんは株式5000万円、投資信託1000万円を保有していましたが、これらをすべて売却し、債券を購入しました。

4種類の債券を購入しましたが、残存期間の短いものと長いものを組み合わせています。平均利回りは年4・82％です。利金は年200万円程度を毎年受け取ることができます。

購入した債券は①三菱UFJフィナンシャルグループ、②ウォルト・ディズニー・カンパニー、③マイクロソフト、④ジョンソン・エンド・ジョンソンの4銘柄です。①と②は償還期限がそれぞれ2029年と2034年で比較的短期です。

③と④の償還期限はいずれも2060年です。残存期間が短い債券は価格の動きは小さくなる傾向がありますので、今後、金利が上がったり、下がったりしても、大きな影響は受けにくくなります。

一方で残存期間の長い債券は、金利が下がったとき、第2章で説明したようにキャピタルゲインが狙えます。短期の債券で安定収入を得ながら、長期の債券ではインカムゲイン（利金）とキャピタルゲインを狙う戦略です。

債券での運用は、購入した瞬間に受け取れる利金を外貨建てで確定できるので、運用プランが立てやすいというメリットがあります。受け取った利金を使わずに投資に回したとすれば、20年後には９３００万円、30年後には1億円程度になります（為替が一定の場合）。

これを積立投資に回せば、資産を大きく増やすことも可能です。ケース３と同様に、Ｓ＆Ｐ５００、ＡＣＷＩ（オール・カントリー・ワールド指数）に連動するＥＴＦに半分ずつを投資したケースでシミュレーションすると、当初の元本６０００万円は10年後には９０００万円を、20年後には1億３５００万円、30年後には2億１４５０万円程度になります。

ケース３で述べた通り、これはＳ＆Ｐ５００、ＡＣＷＩの動きによって異なり、このシミュレーションでは、過去の成長率の平均値を利用し、Ｓ＆Ｐ５００は年８％、ＡＣＷＩは年５・４％の成長率で計算しています。

図3-16　Eさんの見直し後のポートフォリオ①

債券シミュレーション

参考利回り（加重平均）	4.82%	※1ドル149.5円換算、単位：円、 債券格付けは、Moody's/S&P/Fitchの順、参考利回りは円ベースで算出	合計59,989,744円

番号	発行体	通貨	商品種類	債券格付け	ファーストコール	償還日	クーポン利回り	単価	参考利回り	利払い日	仮購入数量（ドル）	仮購入金額（円相当額）	損益分岐点為替レート
1	三菱UFJフィナンシャル・グループ	米ドル	シニア債	A1/A-/A-	—	2029/03/07	3.741%	95.93	4.609%	3月7日 9月7日	100,000	14,438,483	124.05
2	ウォルト・ディズニー・カンパニー	米ドル	シニア債	A2/A-/A-	—	2034/12/15	6.200%	110.22	4.989%	6月15日 12月15日	130,000	21,903,303	107.44
3	マイクロソフト	米ドル	シニア債	Aaa/AAA/WD	2059/12/01	2060/06/01	2.675%	63.99	4.779%	6月1日 12月1日	150,000	14,612,360	54.79
4	ジョンソン・エンド・ジョンソン	米ドル	シニア債	Aaa/AAA/NR	2060/03/01	2060/09/01	2.450%	59.98	4.784%	3月1日 9月1日	100,000	9,035,597	52.76

※本シミュレーションのいかなる内容も、将来の運用成果を予測し、保証するものではありません。※情報の正確性には万全を期しておりますが、その内容の正確性、完全性、信頼性等を保証するものではありません。本シミュレーション及び掲載された情報を利用することで生じるいかなる損害(直接的、間接的を問わず)についても、当社は一切の責任を負うものではありません。実際の資産運用や投資判断に当たっては、必ずご自身の責任において最終的に判断してください。　※単価は2023年11月のBloombergより算出した参考価格であり、当該価格での約定を約束するものではありません。※参考利回りはファーストコール時点での利回りです。ファーストコールがない場合は満期時点の利回りです。　※Moody' s/S&P/Fitchは無登録格付業者になります。

※データはすべて2023年11月時点

図3-17　Eさんの見直し後のポートフォリオ②

利金シミュレーション：円建(税引後)　（単位：円）

	銘柄	2023年	2024年	2025年	2026年	2027年	2028年	2029年	2030年	2031年	2032年	合計
利金(税引後)	三菱UFJフィナンシャル・グループ	0	445,662	445,662	445,662	445,662	445,662	222,831	0	0	0	2,451,140
	ウォルト・ディズニー・カンパニー	480,090	960,180	960,180	960,180	960,180	960,180	960,180	960,180	960,180	960,180	9,121,713
	マイクロソフト	239,003	478,005	478,005	478,005	478,005	478,005	478,005	478,005	478,005	478,005	4,541,051
	ジョンソン・エンド・ジョンソン	0	291,866	291,866	291,866	291,866	291,866	291,866	291,866	291,866	291,866	2,626,796
	合計	719,093	2,175,714	2,175,714	2,175,714	2,175,714	2,175,714	1,952,883	1,730,052	1,730,052	1,730,052	18,740,701
利金累計		719,093	2,894,807	5,070,521	7,246,234	9,421,948	11,597,662	13,550,545	15,280,597	17,010,649	18,740,701	

※本シミュレーションのいかなる内容も、将来の運用成果を予測し、保証するものではありません。※情報の正確性には万全を期しておりますが、その内容の正確性、完全性、信頼性等を保証するものではありません。本シミュレーション及び掲載された情報を利用することで生じるいかなる損害(直接的、間接的を問わず)についても、当社は一切の責任を負うものではありません。実際の資産運用や投資判断に当たっては、必ずご自身の責任において最終的に判断してください。

※データはすべて2023年11月時点

図3-18　Eさんの見直し後の運用シミュレーション

債券利金をETFに再投資した場合

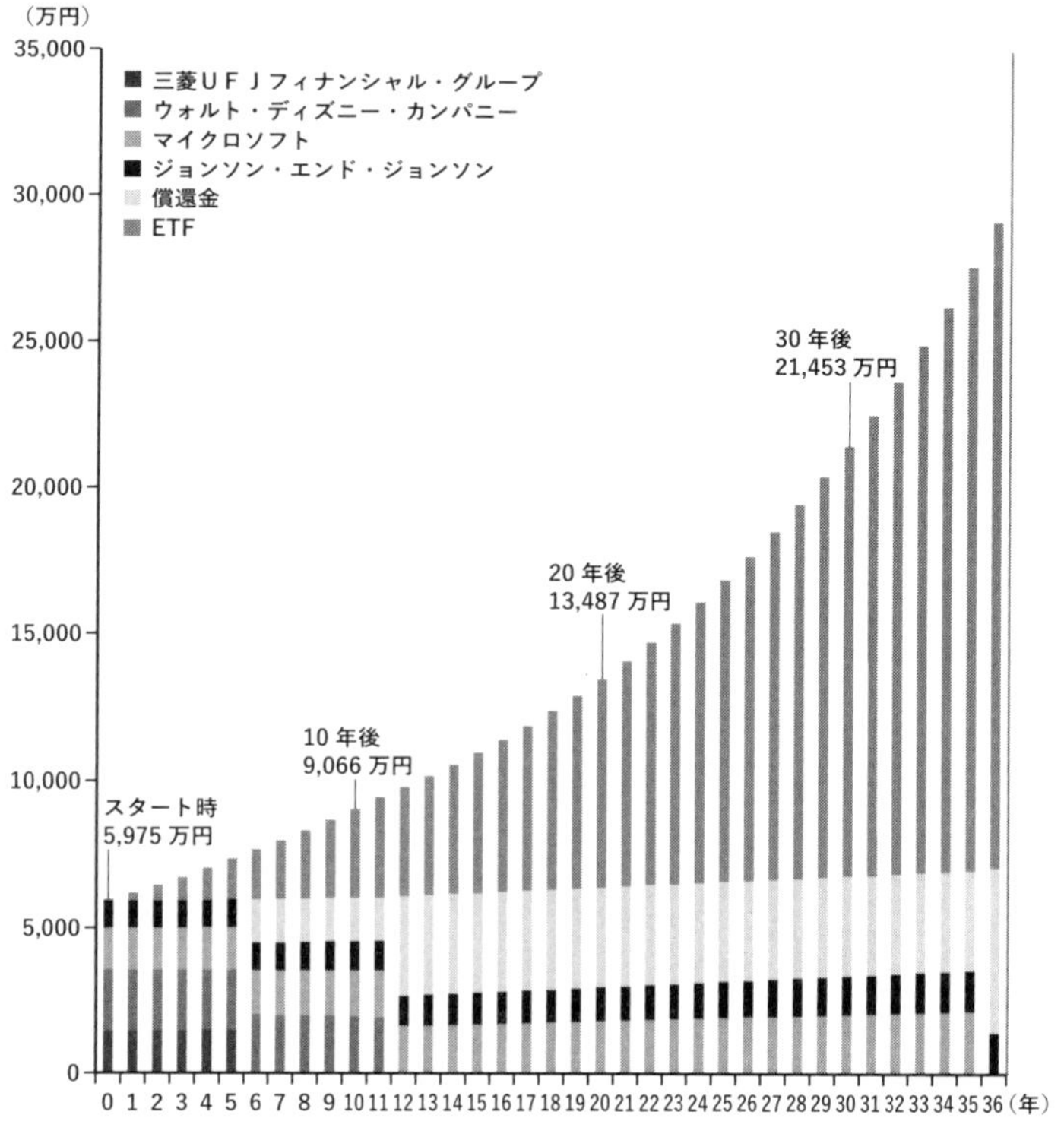

※データはすべて2023年11月時点

資産運用の過程では一時的にＳ＆Ｐ５００やＡＣＷＩが下がることもありますが、そもそも利金を活用して投資をしていますので、値動きに一喜一憂することはなく、安心して資産運用を続けられるでしょう。

図3-19　EさんのBefore／After

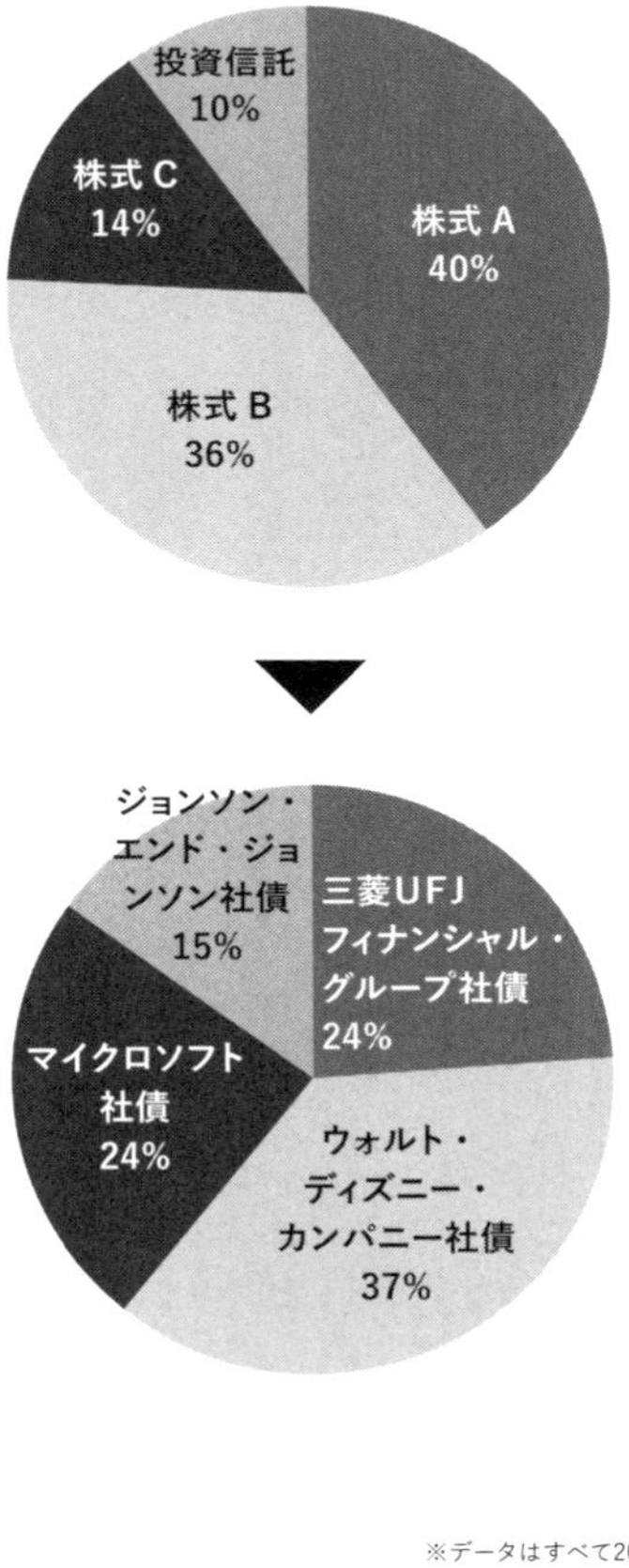

※データはすべて2023年11月時点

ケース 6

コストの高いファンドラップを売却債券とETFでバランスよく運用

Fさん(男性・54歳・会社員)
奥さま(55歳)、お子さま(27歳)
総資産:約5000万円

50代のFさんは会社員で、奥さまとお子さまの3人家族です。対面証券会社との取引が多く、全体で4000万円ほどの資産を運用しています。そのうちの半分程度をファンドラップ、残りを投資信託で運用しています。

確認してみると、非常に高いコストを支払っていました。ファンドラップと投資信託を合わせると、管理費用として年間71万円を支払っていることになります。

Fさんはコストが高いことが気になっていて、ポートフォリオ全体を見直し

図3-20　Fさんの資産運用ニーズと提案内容

運用ニーズ

- **ポートフォリオ全体(計4,000万円)を見直したい**
- **投資信託とファンドラップの運用コストが高い**のが悩み
- **投資で大きなリターンも狙いたい**

ポートフォリオ BEFORE

ファンドラップ：2,000万円(信託報酬　年率２％)
投資信託　　　：2,000万円(信託報酬　年率1.53％)
管理コスト　　：71万円/年

ご提案内容　AFTER

- **債券：3,330万円**(管理コスト０、手数料は売買時のみ)
  アップル、モルガン・スタンレー　参考利回り**5.31％**
  利金収入**約179万円/年を確保**
- **株式：670万円**(管理コスト：ETFの信託報酬、手数料は売買時)
  先進国株式(VEA)　：約250万円
  Ｓ&P500(VOO)　：約250万円
  新興国株式(VWO)　：約170万円
  利金収入：約143万円

図3-21　FさんのAfter

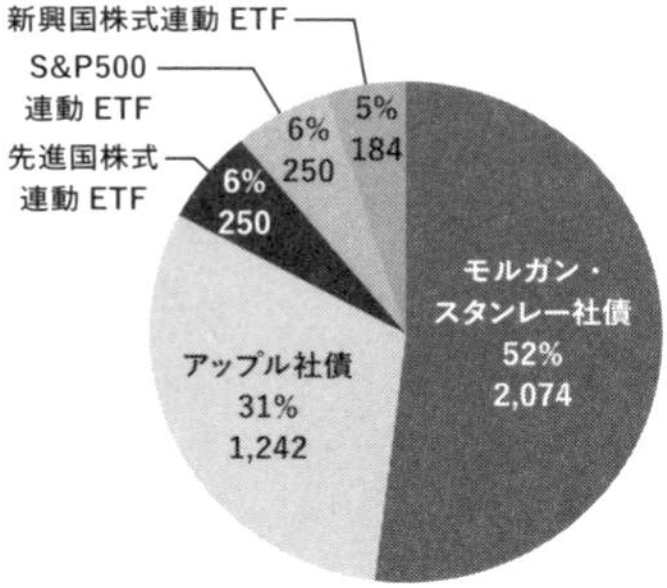

たい、株式で大きなリターンも狙いたいとのご希望でした。

POINT

債券とETFでコストを抑えつつしっかりした利金を確保

そこで、保有しているファンドラップと投資信託をいったんすべて売却し、債券とETFを中心としたポートフォリオをご提案しました。具体的には債券3300万円を購入していただき、平均利回りは年5・31%で年間約140万円の利金を確保しました。

残りの600万円強でETFを購入します。先進国株式に投資するETFに約250万円、S&P500に連動するETFに約250万円、新興国株式に連動するETFに約170万円を配分します。

ETFに投資した資産は、大きなリターンが狙える分、マイナスになる可能性もあります。しかし債券から入ってくる利金収入が毎年約140万円あるため、たとえETFの評価額が一時的に30万円~50万円のマイナスになっても、安心して資産運用を続けることができるでしょう（為替が一定の場合）。

図3-22　Fさんの見直し後のポートフォリオ

債券シミュレーション

参考利回り（加重平均）	5.31%	※１ドル149.5円換算、単位：円、 債券格付けは、Moody's/S&P/Fitchの順、参考利回りは円ベースで算出	合計33,167,022円

番号	発行体	通過	商品種類	債券格付け	ファーストコール	償還日	クーポン利回り	単価	参考利回り	利払い日	仮購入数量（ドル）	仮購入金額（円相当額）	損益分岐点為替レート
1	アップル	米ドル	シニア債	Aaa/AA+/NR	5/13/2047	11/13/2047	3.750%	82.85	5.001%	5月13日 11月13日	100,000	12,422,703	72.98
2	モルガン・スタンレー	米ドル	シニア債	A1/A-/A+	10/18/2032	10/18/2033	6.342%	105.87	5.495%	4月18日 10月18日	130,000	20,744,320	109.68

※本シミュレーションのいかなる内容も、将来の運用成果を予測し、保証するものではありません。※情報の正確性には万全を期しておりますが、その内容の正確性、完全性、信頼性等を保証するものではありません。本シミュレーション及び掲載された情報を利用することで生じるいかなる損害(直接的、間接的を問わず)についても、当社は一切の責任を負うものではありません。実際の資産運用や投資判断に当たっては、必ずご自身の責任において最終的に判断してください。　※単価は2023年11月のBloombergより算出した参考価格であり、当該価格での約定を約束するものではありません。※参考利回りはファーストコール時点での利回りです。ファーストコールがない場合は満期時点の利回りです。　※Moody' s/S&P/Fitchは無登録格付業者になります。

利金シミュレーション：円建(税引後)　　（単位：円）

	銘柄	2023年	2024年	2025年	2026年	2027年	2028年	2029年	2030年	2031年	2032年	合計
利金（税引後）	アップル	0	446,734	446,734	446,734	446,734	446,734	446,734	446,734	446,734	446,734	4,020,606
	モルガン・スタンレー	0	982,172	982,172	982,172	982,172	982,172	982,172	982,172	982,172	982,172	8,839,544
	合計	0	1,428,906	1,428,906	1,428,906	1,428,906	1,428,906	1,428,906	1,428,906	1,428,906	1,428,906	12,860,150
利金累計		0	1,428,906	2,857,811	4,286,717	5,715,622	7,144,528	8,573,434	10,002,339	11,431,245	12,860,150	

※本シミュレーションのいかなる内容も、将来の運用成果を予測し、保証するものではありません。※情報の正確性には万全を期しておりますが、その内容の正確性、完全性、信頼性等を保証するものではありません。本シミュレーション及び掲載された情報を利用することで生じるいかなる損害(直接的、間接的を問わず)についても、当社は一切の責任を負うものではありません。実際の資産運用や投資判断に当たっては、必ずご自身の責任において最終的に判断してください。　※単価は2023年11月日のBloombergより算出した参考価格であり、当該価格での約定を約束するものではありません。※参考利回りはファーストコール時点での利回りです。ファーストコールがない場合は満期時点の利回りです。　※Moody' s/S&P/Fitchは無登録格付業者になります。

※データはすべて2023年11月時点

ケース 7

相続税対策も考慮しつつ資産運用で安定収入を確保

Gさん（男性・60歳・会社員）
奥さま（60歳）、お嬢さま（31歳）、お母さま（98歳）と同居
総資産：約15億円（不動産と金融資産）

会社を退職したGさん（60歳）は、奥さま（60歳）とお嬢さま（31歳）、お母さま（98歳）と4人で暮らしています。総資産は約15億円で、そのうち金融資産が2割、残りはすべて不動産でした。

Gさんはお父さまの死後、一次相続を経験しましたが、今後は二次相続も想定されます。Gさんは一次相続をきっかけに退職し、「代々引き継いできた不動産を売却したくない」という強い気持ちがありました。ただ、不動産の中には有効活用が難しいものもあり、建物を建築できないため駐車場にしている場

所などもありました。

お嬢さまにこれらの不動産をそのまま引き継いでしまうと、お嬢さまの管理が大変になります。その後の相続も考えて、Gさんは、お嬢さまが将来的に不動産を効果的に管理できる方法を模索していました。

また、金融資産の多くは株式で運用していましたが、ほとんどが含み損を抱えていました。Gさんは、相続が発生しても親の財産から納税すれば問題ないと考えていましたが、実際には不動産の占める総資産の割合が大きく、納税資金の準備に苦労することは明らかでした。

POINT

定期的に利金が受け取れる債券の運用にシフト

Gさんが相談に来られたのは54歳のときで、「株ですごく損をしている」とのことでした。その時は、さまざまな証券会社に口座を開き、営業マンに勧められた銘柄を購入したり、独学で銘柄を選んでいました。

Gさんの奥さまは働いておらず、当時Gさんは会社員でしたが、お母さま名義の不動産収入があるため、生活には困ることなく、余裕資金で株式投資をしていました。

多くの方は、資産全体を公表したがらないものです。Gさんも最初は、株式投資の部分だけをアドバイスしてほしいとの要望でした。

そもそもなぜ資産運用をしているのか目的を尋ねたところ、「不動産所得のように安定収入がほしい」とのことでした。そのため、株式投資だけで資産運用をすることは、Gさんにとって資産運用の目的に合っていないように見受けられました。そこで、定期的に利金が受け取れる債券での運用をお勧めしました。

Gさん自身も債券については知っていましたが、「つまらない金融商品」とのイメージがあり、それまで保有していなかったそうです。一方で、一定の利金収入が得られることに加えて、商品の安全性とリスクを分散させる重要性についてご理解いただき、株式を売却し、債券での運用を開始しました。

POINT

相続税対策としての生前贈与と保険の活用

資産運用のアドバイスを始めた後、相続に関する相談を受けました。Gさんの家族構成と資産状況を詳細に分析した結果、相続時にかかる税金の額をより正確に把握する必要がありました。そこでお母さまが亡くなったときと自分自身が亡くなったとき、2回の相続でどの程度の相続税がかかるかを税理士に試算してもらい、相続税対策を進めることにしました。

相続税を納税できる金融資産があれば問題ないのですが、総資産の8割が不動産で占めていたため、まずは一部を売却し、納税資金を準備して相続発生まではその資金を運用していただくことにしました。

生前贈与も対策のひとつです。お母さまが保有する金融資産の一部を利用して小口化不動産を購入し、Gさんが贈与を受けました。これによってお母さまが亡くなったときの相続税を減らすことができます。

また、Gさんのお嬢さまはGさんのお母さまの養子となっていたため、お母

図3-23　Gさんのお母さまの財産

財産の種類	相続税評価額
土地	１億6,000万円
建物	140万円
預貯金	1,000万円
合計	約１億7,000万円

▼

相続税の総額	約1,900万円

さまが亡くなったときには法律上の相続人となります。Gさんには兄弟はいないので、お母さまが亡くなったときの相続人は2名です。

お嬢さまにはGさんのお母さまから毎年３１０万円を暦年贈与し、その資金を利用してお母さまを被保険者とした生命保険に加入しました。これにより、お母さまが亡くなったときにお嬢さまは死亡保険金を受け取り、その資金を納税資金に利用できます。これを機に遺言書も書き、二次相続にしっかり備えることができました。

図3-24　GさんのBefore／After

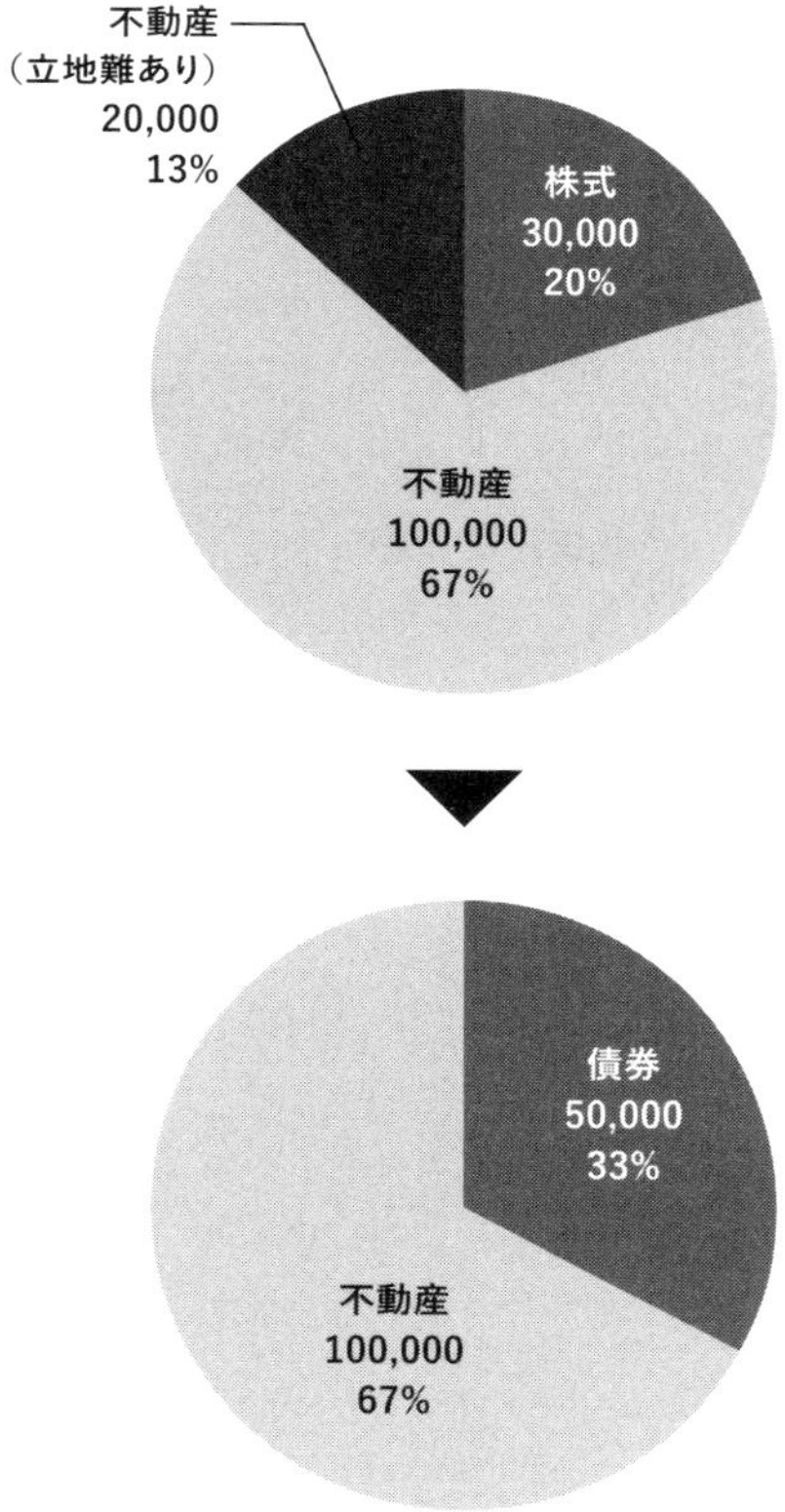

※データはすべて2023年11月時点

第4章

「鉄壁の資産運用」で潤沢老後を実現する

「お金があれば幸せ」は本当か？

私がこれまで多くの方とお話しする中で感じたことは、**資産家であろうがなかろうが、お金にまつわる悩みは尽きない**ということです。**お金があってもなくても、将来への不安は常について回ります。**特にコロナ禍を経て、社会の先行き不透明感が定着してからは、大企業でも業績が悪化し、収入は減り、中には退職を余儀なくされた人もいます。

驚くことに、**お金がある人こそ、お金の悩みが大きい傾向があります。**具体的には、「資産を減らしたくない」「税金を多くとられたくない」といった悩みで、お金に縛られている状態といえます。これには、相続税の問題も絡んでいます。

実際、**お金がある人ほど不自由なのかもしれない**と、私は考えることがあります。お金のない人から見れば「老後の心配なんてないじゃないか」という人でも、憂いなく幸せに過ごしているとは限りません。

お金を持っていることで、他に問題が生まれることもあります。例えば、私が出会ったある資産家の方は、お子さんのことで悩んでおられました。お子さんは、家庭が裕福であることを理由に、「勉強しなくても生きていける」と感じ、学業への意欲を失っていたそうです。

これは極端な例ですが、幸せに生きるために一生懸命働いてきたのに、それでは本末転倒です。

私たちは、お金を得るために努力し、資産運用を行います。しかし、それによって資産が増えすぎると、かえって不幸の種を蒔く恐れがあります。

そんな中で、**人生を豊かに生きるには、本当にやりたいことを叶える人生を送るには、どうすればいいのか。**私たちは、これこそが自分たちの仕事の最も重要な部分のひとつだと考えています。

お金に限っては「足るを知る」が難しい

お金があればあるほど幸せとは限らない。では、どれだけのお金があれば幸せに、豊かに生きることができるのでしょうか。ここで重要となるのは、本書で何度も触れてきた**ライフプランシミュレーションの考え方**です。

要するに、「とにかくたくさんのお金を得る」ことに焦らず、むしろ**「自分に必要な資金をしっかり確保する」という意識が大切**なのです。

ライフプランシミュレーションとは、人生の必要資金がどれだけか、そのためにいくら支出していくら貯めるのかを試算するだけではありません。**その人が残りの人生をどう過ごしていきたいのか、何を生きがいにするかを考えることが重要**です。私たちはそれを一緒に考えるお手伝いをしています。

必要資金を確保するには、まず人生設計することが重要です。一方、**人生はプラン通りに進むものではないので、その都度軌道修正することも必要**です。

私たちは、お客さまが十分な資産を得て、人生を豊かに生きられるようお手伝いをしていますが、時折そのプロセスこそが美しいのではないか、と感じることがあります。

老子の言葉に**「足るを知る」**というものがあります。**「足るを知る者は富む」、つまり「何事に対しても『満足する』という意識を持てば、精神的に豊かになり、幸せな気持ちで生きていける」**という意味です。一方で、お金に限ってはこの「足るを知る」が非常に難しい面があります。どんなに稼いでもどんなに貯めても、足りないように感じてしまうからです。

お金の力は非常に強大で、人生を狂わせることもあります。しかし**お金に振り回されるばかりでは、幸せを感じることは決してできません**。そこで、**正しい金融リテラシーを持つこと、そして自分の状況を客観的に判断してくれて、冷静かつ適切なアドバイスをしてくれるアドバイザーの存在が重要**なのです。

信頼できるＩＦＡをパートナーにする重要性

最近、資産運用の相談を受ける会社やＩＦＡ（Independent Financial Advisor＝独立系ファイナンシャルアドバイザー）の数が増えています。ＩＦＡは特定の金融機関には属しておらず、幅広い選択肢の中から資産運用商品を比較・検討して、お客さまの希望に合った運用提案をすることが可能です。そのため、中立的な立場でアドバイスするのがメリットだといわれていますが、私は少し疑問を抱いています。

重要なのは、**そのＩＦＡに明確なビジョンがあるか**という点です。残念なことに、ＩＦＡの多くは「いかに稼ぐか」を目的にしている人が多いように見受けられ、中には自身の資産を増やすことに躍起になっている人もいます。

これこそ、お金に振り回されている状態かもしれません。しかし、そのような状態のＩＦＡにアドバイスを受けても、お金の正しい知識が身に付くとは考えにくいです。

その背景には、ＩＦＡの報酬体系が関係しています。多くのＩＦＡは、ＩＦＡ会社と業務委託契約を結んでお客さまにアドバイスをしています。つまり、お客さまから得る手数料が多いほど、自身の報酬も増えます。お客さまの不利益になることがわかっていても、手数料率の高い商品を勧めてしまうこともあるでしょう。

私たちの場合、スタッフのすべてが正社員で給与が保証されていますから、お客さまに不利益になるような提案を行う必要はありません。本書をお読みのみなさんには、**誰をアドバイザーに選ぶかも重要**であることを、ぜひ理解していただきたいと思います。

資産運用という「良識」を
日本の「常識」にする。

近年「ファイナンシャル・ウェルビーイング」という言葉が広まっています。「お金の不安を取り除き、人生を楽しむための選択ができる状態」を指します。お金は私たちの生活において不可欠で、お金の安心感は人生の幸福度に直接影響を与える、ということはもはや明らかです。

次に挙げるのは、私たちの会社の行動指針です。

1　Good Life Oriented――顧客人生起点で動く
2　Be Professional――業界最高の知識とスキルを持つ
3　Be Honest――誠実であり続ける
4　with Respect――すべての人に敬意を持つ

5　GRIT for Win──結果のために、やり抜く

まず、「顧客人生起点で動く」について、私たちはお金の専門家ですが、ただお金の話をするだけでは不十分です。その人の人生がよりよくなることがゴールであり、それには「顧客人生起点」で考え、ご提案することが大切です。

また、**「資産運用という良識を、日本の常識にする。」**というビジョンを掲げています。資産運用は少しずつ広まってきましたが、いまだに日本人は、お金に対して積極的になれません。資産運用はまだ一般的な常識とはいえない状況です。

私は、日本人はもっと当たり前に資産運用をするべきと考えています。第1章で述べたように、資産運用はギャンブルや投機とは根本的に異なります。「運がよくて勝った」「負けた」という単純な話ではありません。資産運用は数学的な統計に則ったもので、正しい知識があれば、失敗する可能性は大幅に減少します。

新時代の資産運用「JAMWRAP」

先のビジョンに基づいて、私たちはさまざまな取り組みを行っています。

そのうちのひとつが、**プロが実践するポートフォリオ運用を提供する「JAMWRAP」**です。お客さまは**プロによる機動的なおまかせ運用**ができます。アセットアロケーションの決定から銘柄選定、売買タイミングなどすべてを、運用経験豊富な知見を持つプロフェッショナルに一任いただけるというサービスです。

もちろん、ライフプランシミュレーションを行い、具体的なゴールと運用手法を設定しても、人生は何が起こるかわかりません。「JAMWRAP」では、**プロがその都度ポートフォリオのリアロケーション・リバランスも行うので、相場の変化に踊らされることなく、安心して運用を続けることが可能**です。担当アドバイザーが定期的にお客さまとの面談を行い、こまめに現状を把握して、ライフプランや運用プランを見直していきます。

「生涯担当制」も、「ＪＡＭＷＲＡＰ」の強みのひとつです。金融機関や証券会社であれば、転勤などで担当者が変わってしまうことも多いですが、「ＪＡＭＷＲＡＰ」では担当者が長期的にお客さまの人生に伴走し、手厚くアフターフォローします。

ほかにも、２０２３年からはアスリート向けの資産運用サービスである**「アスマネ」**を開始しました。

２０２２年に行われた調査*によれば、アスリートの約９割はお金の不安を抱えており、お金の不安が理由で引退を考えたことがあるアスリートは３人に１人以上という結果が出ています。お金の不安を抱えたままでは、練習や目の前のプレーに集中できるはずがありません。

多額の契約金を受け取ったが、どう資産管理すればいいのかわからない、ケガや病気で突然収入を失うかもしれない不安、税金対策など、アスリート特有の悩みは実にたくさんあります。**満足した競技生活を送り、ベストな結果を出すためにも、資産管理をサポートしてくれる専門家が必要なのではないか。**そう考えて、私たちはこのサービスを始めました。以来、プロサッカー選手やプロ野球選手など、さまざまなアスリートの方の資産運用をサポートさせていただいております。

＊マイナビアスリートキャリア「【アスリート対象】お金の実態調査（2022）」

金融知識を提供する教育の場が必要

私たちの金融教育事業「JAM Academy」についてもご紹介します。

資産運用において、また、豊かで不安のない人生を送るためには、正しい金融リテラシーを持つことが不可欠だということは繰り返しお話ししました。日本では資産運用に対してマイナスのイメージを持つ人が多いのですが、欧米では幼少期から金融教育が盛んで、幼い頃から資産運用の重要性や運用の手法を学ぶ機会が多くあります。これが第1章で述べた、家計金融資産の内訳の差や、平均年収増加率の差につながっている大きな要因だと思います。

日本では、義務教育の期間を含めて金融教育の機会が少ないという実情があります。2022年度からは高校で「資産形成」の内容が必修化されましたが、新学習指導要領で記載されているのは、主として家計の収支管理、リスク管理、

図4-1　JAM Academyの内容例

対象	狙い・テーマ	コンテンツ例
小学生	社会の中で生きていく力の素地を形成	将来なりたい職業を探す
		自分とお金の関わり
		自分と社会とお金の関わり
		お金と自分との付き合い方
中学生	将来の自立に向けた基本的な力を養う	将来なりたい職業とお金の関わり
		将来の夢から考えるお金の使い方
		株式会社と投資の仕組み
高校生	社会人として自立するために基礎的な能力を養う	ライフプランと意思決定
		リスクと上手に向き合う投資の方法
		成人する前に知っておくべきお金のこと
大学生	社会人として自立するための能力を養う	知っておきたい金融の知識
		社会に出る前に考える資産運用
社会人	30代から始める資産形成	なぜ資産形成が大切なのか
アスリート	スポーツ選手だからこそ知っておくべきこと	サッカー選手だからこそ知っていてほしいこと
		金融商品の種類と資産管理会社について

生涯を見通した経済計画・ライフプラン設計、資産形成についてです。これだけではなく、自分たちに関わる社会保障制度や将来にわたるリスクを想定し、不測の事態に備えた対応を知るなど、「生きる力」につながる金融教育を実施する必要があると考えております。

指導内容が不十分なのは、「教える側」の金融リテラシーが低いという事情もあります。お金について教えるためには、専門的な知識を要します。**正しい金融教育を根付かせたい。誰もが気軽に、平等に、社会に出て必要となる金融知識を学べる場はないだろうか。そして、お金との関わりを再認識してお金の大切さを知ってほしいし、お金で損をする人や失敗する人をなくしたい**――そんな思いから、「JAM Academy」を開催し、小学生から社会人までさまざまな年代の方に向けて、金融の知識をレクチャーしています。

多くの学校や先生方にご好評をいただいていますが、実際に生徒のみなさんから「社会の授業以外の知識がついて楽しかった」「資産を分散させる必要性を学べた」などと感想をいただくと、とてもうれしく思います。

「鉄壁の資産運用」を始めるときは、今

最後に、本書でご紹介した「鉄壁の資産運用」に不可欠な４つのことについて、あらためてお話ししましょう。

①正しい金融リテラシー

「資産運用や投資にはリスクが伴う」「投資はギャンブルのようなもの」と思い込んでいるばかりでは、いまの時代、潤沢な老後資金を得ることはできません。預金で保有するだけでは、資産は目減りする一方です。

資産運用のリスクと行動しないリスクを比較検討し、「投資は怖いもの」という偏見にとらわれず、正しい選択をとることが、潤沢老後生活の第一歩となるはずです。

②ライフプランシミュレーション

お金は、多ければ多いほどいいというものではありません。自分が理想とする人生を送るためにどれだけの資産が必要か、それを試算するのがライフプランシミュレーションの目的です。

これは、単に「足りないお金」を算出するだけではありません。これからの人生、どのように暮らしていきたいのか、どんなイベントが起こりうるのか、何がしたいのかなど、要は自分がどう生きていきたいかを見つめ直す機会となります。

③資産運用

ライフプランシミュレーションを行い、必要資金を算出したら、あとは行動あるのみです。自分がどれだけのリスクをとれるかを把握したうえで、必要とするリターンを得られる運用方法を探していきましょう。

資産運用の手段は、株式投資に投資信託、債券にファンドラップとさまざまあります。自分に適した運用方法を選ぶためにも、正しい金融リテラシーを身につける必要があります。

④信頼できるパートナー

私たちは自分のお金のこととなると、冷静な判断ができなくなります。お金に振り回されないためには、客観的に自身の状況を判断してくれ、いつでもアドバイスを求められるパートナーの存在が不可欠です。

人生は常に予想通りには進まないものです。自分の人生を真剣に、親身になって考えてくれるパートナーに相談し、資産運用の適切な判断を下していくことで、目標とする必要資金と豊かな老後が得られるのです。

＊

ここまで本書をお読みいただき、ありがとうございます。おそらく「鉄壁の資産運用」の力を感じていただけたでしょう。とすれば、あとは一歩踏み出すのみです。

現状を打破して、潤沢で幸福な人生を送るために、資産運用を真剣に考えるべきときは今、この瞬間なのです。

おわりに

私たちJapan Asset Managementは、独立系ファイナンシャル・アドバイザー（ＩＦＡ）であり、いわば金融機関の「ホームドクター」ともいえる存在です。

日本では、金融機関と投資家の間に情報格差があること、そして長期のデフレにより「貯蓄から資産形成」の推進が遅れていました。そうした状況においてＩＦＡは、これから資産運用業界の一翼を担っていくと期待されています。

私たちはこれまで、１２００人を超えるお客さまの資産運用をサポートしてきました。抱える悩みはそれぞれ異なりますが、何もしないでいるよりも、資産運用という一歩を踏み出したことで、お客さまの未来が拓かれていったと日々感じています。

資産運用で重要なのは、「何の商品で運用するか」ではなく、「何のために運用するか」です。資産運用の一歩を踏み出す勇気を持てない方もたくさんいます。けれど、正しい金融リテラシーや資産運用の知識を持てば、投資がギャンブルではないこと、また、豊かで憂いのない潤沢老後を過ごすためには、行動すべきか現状維持を続けるべきかが、自ずと明らかとなるのではないでしょうか。

そして願わくば、本書がその契機となることを願っています。

2024年1月　Japan Asset Management 代表取締役　堀江智生

装丁　吉村朋子
ＤＴＰ・図版作成　明昌堂
編集協力　ブランクエスト

読者特典のご案内

「**本書の内容をもっと知りたい！**」という方
「**資産運用を誰かに相談したい……**」という方
「**退職金、どうしよう？**」と考えている方

＼ いますぐ検索！ ／

JAM　資産運用　**検索**

※相談の場合は、事前にご予約が必要となります。

※ホームページよりご予約いただき、
その際「本を読んだ」とコメントください。

読者特典は、予告なく終了することがございます

［著者略歴］

堀江智生（ほりえ・ともお）

株式会社Japan Asset Management代表取締役。
慶應義塾大学経済学部を卒業後、野村證券に入社。同社の海外修練制度１期生としてサンフランシスコに派遣され、シリコンバレーでスタートアップの立ち上げを経験。帰国後、2015年にCEO表彰を受賞。2016年から野村香港インターナショナルに出向し、機関投資家営業業務に従事。日本の金融業界の刷新を図るため、2018年に株式会社Japan Asset Managementを設立。「資産運用という良識を、日本の常識にする。」というビジョンを掲げ、富裕層をはじめ延べ1,200人以上の顧客に対し、人生に寄り添った資産運用アドバイスを行う。

鉄壁《てっぺき》の資産運用《しさんうんよう》

退職金《たいしょくきん》と年金《ねんきん》を活用《かつよう》した「潤沢老後《じゅんたくろうご》」へ

2024年２月11日　初版発行

著　者　　堀江智生

発行者　　小早川幸一郎

発　行　　株式会社クロスメディア・パブリッシング
〒151-0051 東京都渋谷区千駄ヶ谷4-20-3 東栄神宮外苑ビル
https://www.cm-publishing.co.jp
◎本の内容に関するお問い合わせ先：TEL（03）5413-3140／FAX（03）5413-3141

発　売　　株式会社インプレス
〒101-0051 東京都千代田区神田神保町一丁目105番地
◎乱丁本・落丁本などのお問い合わせ先：FAX（03）6837-5023
service@impress.co.jp
※古書店で購入されたものについてはお取り替えできません

印刷・製本　　株式会社シナノ

ISBN978-4-295-40885-7　C2033